于海东 著

QIYE ZHISHICHANQUAN SHIWU CAOZUO
企业知识产权实务操作

责任编辑：刘 睿 罗 慧　　　　　　责任校对：董志英
特约编辑：姜 颖　　　　　　　　　　责任出版：卢运霞

图书在版编目（CIP）数据

企业知识产权实务操作／于海东著．—北京：知识产权出版社，2014.3
ISBN 978－7－5130－2605－5

Ⅰ.①企… Ⅱ.①于… Ⅲ.①企业－知识产权－研究－中国
Ⅳ.①D923.404

中国版本图书馆CIP数据核字（2014）第033140号

企业知识产权实务操作
于海东　著

出版发行：知识产权出版社 有限责任公司	
社　　址：北京市海淀区马甸南村1号	邮　编：100088
网　　址：http://www.ipph.cn	邮　箱：bjb@cnipr.com
发行电话：010－82000860 转 8101/8102	传　真：010－82005070/82000893
责编电话：010－82000860 转 8113	责编邮箱：liurui@cnipr.com
印　　刷：北京中献拓方科技发展有限公司	经　销：新华书店及相关销售网点
开　　本：720mm×960mm　1/16	印　张：18.5
版　　次：2014年3月第一版	印　次：2014年3月第一次印刷
字　　数：238千字	定　价：45.00元
ISBN 978－7－5130－2605－5	

出版权专有　侵权必究
如有印装质量问题，本社负责调换。

目 录

前言（企业对知识产权从业人员的要求及从业人员应具备的能力） … (1)

专利申请篇

国内申请与国外申请 …………………………………… (9)

专利诉讼篇

禁止反悔原则及其在中国的适用 ……………………… (23)
等同原则及其在中国的适用 …………………………… (46)
专利诉讼中专业技术问题的确认途径 ………………… (60)
专利侵权诉讼中的抗辩事由及其适用 ………………… (73)

专利无效宣告请求篇

无效宣告请求理由分析及应用建议 …………………… (87)
无效宣告请求的提出策略 ……………………………… (104)
无效宣告请求的答辩策略 ……………………………… (115)
无效宣告程序中的证据适用 …………………………… (124)

其 他 篇

商标许可策略 …………………………………………………（167）
专利许可策略 …………………………………………………（174）
专利标准化 ……………………………………………………（183）
企业商标的保护策略 …………………………………………（194）
涉知识产权的合同起草与审核 ………………………………（204）

附 录

附录1：中国禁止进口限制进口技术目录（禁止进口部分） ………（217）
附录2：中国禁止进口限制进口技术目录（限制进口部分） ………（224）
附录3：中国禁止出口限制出口技术目录（禁止出口部分） ………（241）
附录4：中国禁止出口限制出口技术目录（限制出口部分） ………（251）

后记 ……………………………………………………………（289）

前　言
（企业对知识产权从业人员的
要求及从业人员应具备的能力）

一、企业对知识产权从业人员的能力要求

企业知识产权是一个庞大的系统工程，它不仅是对专利权、商标权、著作权等简单的横向权能划分，而且是囊括有知识产权的产生、维持、管理、保护和运用等多方面的纵向职能；它不仅是企业无形财产寻求法律保护的工具，更是企业宏观经营战略的一大组成部分。作为内容如此丰富的企业知识产权，其对从业人员的要求也必然是多方面的，尤其对专利从业人员的要求最为典型。

企业的专利工作大体可包括专利的申请，授权专利的管理、保护和运用。就专利申请工作而言，它首先要求专利从业人员具备扎实的技术知识，其不仅能够理解企业发明人的发明构思，而且还需要用自己的技术语言撰写出一份技术交底书或专利申请文件。当今技术领域相当广泛，专利从业人员并不需要全方面了解各方面的技术，但应该具备本企业所专注的技术领域的基本技术知识，具有通过沟通与交流获取新的技术知识的能力。

此外，企业在申请国内专利的同时，还需要申请国外专利，这就需要专利从业人员具有较好的外语能力，掌握其所专注领域的基本外语技术用语。同时，实践经验表明，寻求专利保护的技术往往都是最前沿的技术，这些最前沿技术又可能会创造出新的技术要素，而这些新的技术要素需要用新的技术用语来表达，这就给专利从业人员带来了新的难题：如何去翻译这些不曾有过的新用语？因此，

专利从业人员不仅应具备运用已有外语技术用语的能力，还应当具备为新的技术要素选择合适翻译的能力。

授权专利的管理、保护和运用，是专利价值得以体现的核心环节，也是申请专利的终极目标。这一类工作，需要专利从业人员具备良好的法律知识和管理能力。具体体现在：对于未经许可而擅自使用专利的行为，需要拿起法律武器向侵权人主张权利，以对自有专利权进行有效保护；同时，对于滥用专利权而进行恶意起诉或主张权利的行为，需要通过合理利用现有法律制度中提供的抗辩事由进行有力抗辩以切实维护自身权益。此外，还需要建立起一套行之有效的专利管理与评价体系，哪些专利已经不具备利用价值可以放弃，从而节省企业开支，哪些专利仍然具备市场化前景需要继续进行维持，都需要定期认真评价，像管理"人"一样对每一件专利作出有效的、有针对性的管理。

由此可见，企业的专利工作是一项综合运用技术、法律、语言、管理知识的专业性极强的工作。换言之，企业专利工作就是借助法律手段，以语言为媒介对技术进行有效管理。这就需要它的从业人员具备上述四方面的知识储备和能力。但是现实情况是，真正满足这四方面要求的人才少之又少，因此，不同企业在择才的时候，可能会对某些方面的能力有所偏重。总体来讲，在中国，外资企业与国内企业对专利从业人员的要求有所区别。

中国当前已经成为许多外资企业的生产基地和销售基地，但尚未成为其研发基地。对于这类外资企业而言，其在中国的知识产权工作更偏重于知识产权的保护和应用，例如产品打假、专利许可和谈判等。因此，这类外资企业更喜欢那些外语能力强，同时又具备法律知识背景的理工科人才，至于专业方向或者学历则不是最重要的考虑因素。但是近几年，中国科技实力不断增强，科研人才不断增多，不少外资企业开始在中国投资建立其海外的研发机构，同时逐渐加大对中国专利申请工作的重视，甚至有一些在中国的欧美外资企业开始改由其内部的专利从业人员撰写专利申请文件并在中国完成以中国专利申请为优先权的国外申请的翻译工作。这类外资企业对那些具备良好技术功底、技术学历层次高的人才有一定需求。

中国近几年开始致力于创新型国家的建设，尤其是2008年《国家知识产权战略纲要》颁布以来，逐渐加大对企业创新活动的扶持力度，尤其是一些中小型企业，已经开始实现专利申请从无到有的突破。最为突出的表现是，2008年金融危机期间，许多外资企业在中国的专利申请数量大幅度减少，而中国的国内企业在专利申请方面却有不俗表现，全民的专利申请意识逐渐增强。但中国当前大部分技术型企业的专利工作重点仍然是专利申请，真正对授权专利进行有效保护和成功运用的比例还非常低。因此，国内的这类企业更乐于雇佣技术专业对口、技术功底扎实的理工科人才来负责专利工作。值得一提的是，像华为、中兴这样已经在国际市场上崭露头脚的企业，其有着大量的专利储备，同时积极参与国家、国际标准的制定，并积极利用知识产权这一武器为产品市场化保驾护航，其对那些有着理工科背景的法律硕士的需求量也是相当大的。

二、企业知识产权从业人员需要具备的特质

企业专利从业人员除了具备前面提及的四方面知识储备与能力以外，还需要具备以下几方面的特质。

（一）严谨的工作态度

专利申请文件是一种技术文件，所有专利从业人员对此都有认识。但是，有许多从业人员对专利申请文件也是一种法律文件这一点缺乏认识。不少人会感觉审核处理专利申请文件等专利相关文件，有时更像是一种文字工作。没错，专利申请文件作为一种法律文件的属性要求从业人员在撰写、审查专利申请文件时，一定要有严谨

的态度,不能疏忽大意。从实务工作经验来看,对一些被认为可以用来向他人主张权利的技术,由于专利从业人员的疏忽,在专利申请文件撰写过程中没能发现其中存在的问题,导致即使专利申请被授权,也由于专利文件中存在的致命错误而不能使用。除了专利申请文件以外,在专利侵权诉讼中提交的起诉书或答辩书,在专利无效程序中提交的无效请求书或意见陈述书等,所有的这些文件从某种意义上说,都是法律文件,专利从业人员都必须以严谨的态度处理这些文件。正是基于此,笔者认为,严谨的工作态度是专利从业人员应具备的首要特质。

(二) 良好的语言能力

这里所说的语言能力,不仅包括前文述及的外语能力,更强调用技术术语清楚表达技术内容的能力。中国专利法及其实施细则规定,专利说明书应当清楚、完整,专利权利要求应当清楚、简要。这里的"清楚"就是要求专利说明书及权利要求记载的技术方案内容应当清楚、明确,使本领域的普通技术人员通过阅读可以确知其内容,并能够确定权利要求的保护范围。说明书及权利要求是否清楚,是决定专利申请能否获得授权的重要因素。这就要求专利从业人员在撰写、审核专利申请文件时,必须清楚、明确地对要求保护的技术方案进行描述,使专利的保护范围得以明确确定,不能用语模糊、逻辑混乱。由此可见,良好的语言表达能力也是企业专利人员所应具有的基本素质。

(三) 强烈的法律意识

企业专利工作到底是技术工作,还是法律工作?这个问题很难一刀切。有些企业把知识产权部门与法务部门合并管理,而有些企业则把知识产权部门置于研发部门之内。不管如何设置,专利制度的实质是"为天才之火浇上利益之油",通过法律手段来保护创新。因此,专利从业人员必须有强烈的维护企业切身利益的法律意识,并将这种意识贯穿到专利工作的各个环节：在撰写或审核专利申请文件时，应当关注如何构建权利要求才能够使所申请的专利获得最大的保护范围，如何撰写申请文件才能够使专利申请符合法律要求并使授权专利更稳定；在处理专利诉讼等专利纠纷时，应当关注采取何种法律行为才能够切实维护自身权益。这些工作都需要专利从业人员具有强烈的法律意识，并在这种意识的支配下，完成相应的工作。

三、对从事企业知识产权业务的新人的建议

中国创新型国家建设的开展，为知识产权行业带来了新的发展机遇，也吸引越来越多的人开始关注这个行业。那么，要进行哪些准备才能够顺利进入这个行业，可能是每个新人都比较关心的问题。

企业的知识产权业务，可大致划分为三大块：著作权相关业务、商标权相关业务以及专利权相关业务。对于著作权相关业务和商标权相关业务，一般需要从业人员能够熟练掌握与著作权、商标权相关法律知识，因此，打算从事这两类业务的新人，最好能够熟练掌握著作权、商标权相关法律知识并能够通过国家司法考试。而对于专利权相关业务，正如前文提到的，企业专利工作是一项需要从业者具备技术、法律等知识储备的工作，其对从业者的要求也相对较高。打算从事专利业务的新人应当具备一定的技术背景，同时，通过专利代理人考试也是对其基本的要求。如果所从事的工作还包括专利诉讼、专利许可等专利申请以外的其他业务的话，则最好还要通过国家司法考试。

专利申请篇

国内申请与国外申请

一、中国国内申请与国外申请现状及分析

根据中国国家知识产权局《2011年专利统计年报》记载，2011年，国家知识产权局受理中国公民及法人申请的发明、实用新型、外观设计三种专利国内申请共计1 504 670件，其中受理国内发明专利申请415 829件；中国公司及法人向国外申请三种专利申请共计10 097件，其中发明专利申请8 238件。由此可见，中国国内申请与国外申请的比例达到了149：1。国内申请与国外申请比例如此悬殊，一部分原因是，国内申请中，实用新型与外观设计所占的比例达到72%，而在国外申请中，发明专利所占比例却高达82%。如果仅对比国内发明专利申请与国外发明专利申请的话，比例也高达50：1。

中国国内申请数量与国外申请数量相差如此之大，原因是多方面的：(1) 大部分企业的业务仅限于国内，尚未到国外去拓展业务，还没有到国外布局专利的需求。这也是国外申请的主体主要是华为、中兴这样已经成为跨国性企业的公司的原因，因其业务已遍布全球，知识产权战略，尤其是专利申请战略已经成为其企业经营战略的一部分。(2) 申请国外专利的费用较高，包括国外申请代理人服务费、翻译费、申请费等费用，一件专利申请的费用动辄就是好几万元，这对大部分企业而言都是一个不小的负担。(3) 企业内部专利负责人对国外申请业务不熟悉，对国内申请与国外申请的利弊认识不足，不能很好地开展国外申请业务。

对于第一个原因，随着中国企业的不断发展壮大以及从加工型企

业到技术创新型企业的成功转型，中国企业申请国外专利的需求必然与日俱增，但这是一个缓慢变化的过程。对于第二个原因，近几年，为了推动科技创新、促进创新型国家的建设，中央和地方政府都在不断加大财力的投入，对专利申请给予财政支持。虽然这样的财政支援不能普惠到每一个申请人，但可以为那些确有资金困难的申请人解决燃眉之急。因此，这个问题也容易得到解决。对于第三个原因，因为主要是人的问题，通过对国外申请的实践经验进行介绍，也可以解决这个问题。

二、PCT 申请与《巴黎公约》申请之对比

这里所说的国外申请包括两类：（1）《专利合作条约》（以下简称 PCT 条约）框架下进入指定国国家阶段的申请（以下简称 PCT 申请）；（2）《保护工业产权巴黎公约》（以下简称《巴黎公约》）框架下要求一成员国优先权的国外申请（以下简称《巴黎公约》申请）。中国是 PCT 条约、《巴黎公约》的缔约国，中国申请人依约可进行 PCT 申请与《巴黎公约》申请。

PCT 申请相对于《巴黎公约》申请有着显著的优势：（1）PCT 申请可自优先权日起 30 个月内进入指定国家，而《巴黎公约》申请则必须在自优先权日起 12 个月内向其他《巴黎公约》成员国提出申请，这样，PCT 申请的申请人有足足 30 个月的时间用于对专利的价值进行评估并决定是否进入指定国家；（2）当向三个以上国家提出时，PCT 申请相对于《巴黎公约》申请所花费的费用更少，尤其是在一些指定国，通过 PCT 方式提出的申请将享受一定幅度的官费减免；（3）在 PCT 条约指定的期限内所作出的对申请文件的修改将对所有进入国都产生效力。PCT 申请相对于《巴黎公约》申请还有其他的一些优势，在此不再赘述。

三、国外申请实践经常出现的问题及解决方案

虽然 PCT 申请相对于《巴黎公约》申请有着诸多的优势，但是，PCT 申请却很难解决申请实践中经常出现的一些问题。例如，在中国的专利审查实践中，以"权利要求得不到说明书支持"这一理由发出审查意见通知书或者驳回决定的情况很多，尤其是以说明书的一个实施例来支持权利要求的时候更是如此；而美国以这一理由发出审查意见通知书或者驳回决定的情况则要相对少，即使中国申请文件与美国申请文件的内容完全一致，情况亦如此。

PCT 条约所提供的各种便利其实主要是程序层面的。在 PCT 申请进入指定国国家阶段后，是否对其授予专利权以及以何种条件来授予专利权，则由各缔约国自己决定，因此，专利申请实践中经常会出现同一件 PCT 申请在有的国家会被授权而在其他国家却被驳回的情况，这主要是各缔约国自己的国内法规定以及审查实践不同所致。

如果按照美国法及其审查实践来撰写申请文件并提出 PCT 申请，同时指定中国为指定国，随后将该 PCT 申请进入中国国家阶段，那么这件按美国标准来撰写的 PCT 申请在后续的实质审查程序中很可能会被审查员以"权利要求得不到说明书支持"这一理由而发出审查意见通知书或者驳回决定，除非在实质审查程序中按照审查员的要求对权利要求书进行修改从而使得权利要求能够得到说明书的支持。但是申请人往往希望在不对权利要求书进行修改的情况下可以获得授权，那可能的解决方案就是对说明书进行修改，通过增加更多的实施例从而克服"权利要求得不到说明书支持"这一缺陷。但是，这样的解决方案在 PCT 申请中却是无法实现的。这是因为，虽然 PCT 条约也为申请人提供对申请文件进行修改的机会，但这样的修改只能以条约所允许的方式进行，而且这些被允许的修改往往仅

限于对申请文件中存在的明显错误的修改、译文错误的修改以及在不超出原始提出的国际申请所公开的范围的情况下对权利要求的修改。增加说明书实施例的修改不属于 PCT 条约所允许的修改。由此可见，PCT 申请无法解决这一实践问题，那么《巴黎公约》申请是否可以解决呢？

一件《巴黎公约》申请可以要求在《巴黎公约》成员国提出的在先申请的优先权，只要在后申请的权利要求所记载的技术方案在在先申请中有过记载（不论是在权利要求中有过记载，还是在说明书中有过记载），即在后申请的主题与在先申请的主题相同（技术领域、所解决的技术问题、技术方案和预期的效果相同），那么在后申请就可以要求该在先申请的优先权，而不论该在后申请的权利要求是否与在先申请的权利要求保持一致、该在后申请的说明书是否与在先申请的说明书保持一致、该在后申请的权利要求在文字记载或者叙述方式上与在先申请公开是否完全一致。这也是《巴黎公约》申请与 PCT 申请的最大不同。《巴黎公约》在后申请不仅可以要求在先申请的一项优先权，还可以要求在先申请的多项优先权。同时，根据中国《专利审查指南2010》的规定，要求外国优先权的申请中，除包括作为外国优先权基础的申请中记载的技术方案外，还可以包括一个或多个新的技术方案。例如，中国在后申请中除记载了外国首次申请的技术方案外，还记载了对该技术方案进一步改进或者完善的新技术方案，如增加了反映说明书中新增实施方式或实施例的从属权利要求，或者增加了符合单一性的独立权利要求。在这种情况下，对于该中国在后申请中所要求的与外国首次申请中相同主题的发明创造给予优先权，有效日期为外国首次申请的申请日，即优先权日，其余的则以中国在后申请之日为申请日。由此可见，《巴黎公约》申请不仅可以要求在先申请的优先权，还可以在要求在先申请优先权的基础上，增加新的技术方案或者新的实施方式。《巴黎公约》申请在处理方式上如此灵活，也许可以为前面提及的这一实践问题提供解决思路。

中国《专利审查指南 2010》第 2 部分实质审查中第 3 章中的第 4.2.4 节规定：

（3）一件中国在后申请中记载了技术方案 A 和实施例 a1、a2、a3，其中只有 a1 在中国首次申请中记载过，则该中国在后申请中 a1 可以享有本国优先权，其余则不能享有本国优先权。

（4）一件中国在后申请中记载了技术方案 A 和实施例 a1、a2。技术方案 A 和实施例 a1 已经记载在中国首次申请中，则在后申请中技术方案 A 和实施例 a1 可以享有本国优先权，实施例 a2 则不能享有本国优先权。

应当指出，本款情形在技术方案 A 要求保护的范围仅靠实施例 a1 支持是不够的时候，申请人为了使方案 A 得到支持，可以补充实施例 a2。但是，如果 a2 在中国在后申请提出时已经是现有技术，则应当删除 a2，并将 A 限制在由 a1 支持的范围内。

从上述规定可以得知，一件记载了技术方案 A 和实施例 a1、a2 的在后申请，如果技术方案 A 和实施例 a1 已经在在先申请文件中被记载，而且在在后申请提出时，新增加的实施例 a2 还未成为现有技术，那么，实施例 a2 就被允许记载在在后申请中。进而 a2 可以与 a1 一起作为具体实施例共同支持概括较宽范围的技术方案 A，使得技术方案 A 的权利要求可以得到说明书的支持，进而满足专利法有关"权利要求应该得到说明书的支持"这一要求。同时，需要指出的是，中国《专利审查指南 2010》的有关上述规定虽然是针对国内优先权而言的，但亦理应同样适用于国外优先权。

通过上述分析，可以得知，《巴黎公约》申请相对于 PCT 申请可以很好地解决前面所提到的"权利要求得不到说明书支持"这样的缺陷；同时，正如前面所提及的《巴黎公约》申请不仅可以要求在先申请的优先权，还可以在要求在先申请优先权的基础上，增加新的技术方案或者新的实施方式，自然亦可以对在先申请中存在的诸多问题进行改正，进而使得在后申请相对于在先申请更加完善。而PCT申请由于存在对申请文件的修改不得超出原始提出的国际申请所公开的范围这样的硬性规定，申请人很难对申请文件作出其所希望的、有效的修改，而一经修改，无论是主动修改还是被动修改，由于其PCT原始提出的国际申请所公开的范围已经确定，因此，在进入国家阶段后的实质审查阶段，很容易引发审查员发出"修改超范围"这样的审查意见通知书，这也就是说，PCT申请相对于《巴黎公约》申请可能更容易引起"修改超范围"这样的实质性问题。而无论是"权利要求得不到说明书支持"，还是"修改超范围"，都是影响专利申请是否可被授权的实质性问题，这两类问题在审查意见通知书以及驳回决定中出现的比例很高。

四、建议

下文就进中国的专利申请与出中国的专利申请分别提出建议。

（一）进中国的专利申请

一般而言，需要进中国申请专利的都是外资企业，而这些企业在向中国申请专利之前，已经在其本国或者其他国家提出了专利申请，在进中国时，只需要选择是以要求《巴黎公约》优先权的方式进入，还是以PCT申请进入中国国家阶段的方式进入。对此提出以下建议。

1. 尽量以要求《巴黎公约》优先权的方式进入中国

由前述可知，专利申请在进入中国之前，已经在其他国家提出了申请。尤其是许多外资企业，把美国作为其专利申请最重要的目的国，其许多申请都是按照美国法的要求与审查实践撰写的。正如前面所提及的，这样的申请如果在进入中国之前不加完善，则在后续的审查程序中，审查员很容易会发出"权利要求得不到说明书支持"

"修改超范围"等审查意见，而如果以要求《巴黎公约》优先权的方式进入中国，则可以对其申请进行充分的完善，这其中包括增加说明书中的实施例、重新拟订权利要求等。

2. 对权利要求进行中国本土化修改

中国专利法对可专利的授权客体一直有着比较严格的规定，许多客体在其他国家具有可专利性但在中国却不能被授予专利权。比如，计算机程序、数据结构、存储介质等在美国法下是可被授权的，但在中国却不能被授权。涉及计算机软件的专利申请，只有该申请是按照中国《专利审查指南2010》的要求，以装置权利要求或方法权利要求的形式提出时，才可能被授予专利权，纯粹的计算机程序则不可以。因此，涉及这些非授权客体的权利要求在进入中国前，需要进行中国本地化修改，要么直接删除，要么将其修改成中国专利法允许的授权客体。比如，涉及存储介质的权利要求，虽然其申请主题是存储介质，但其实在大多数的情况下，其整个技术方案是存储有执行特定方法的程序的介质，而这里面的特定方法往往是可以成为可专利的客体的。因此，可根据说明书以及权利要求书的相关记载，重新针对该特定方法撰写方法权利要求。

例如，一申请号为CN200810085906.2、专利名称为"颜色处理设备和方法"的专利申请，其申请了一项涉及计算机存储介质的权利要求，内容如下：

> 一种存储用于通过使用计算机实现根据权利要求7所述的方法的计算机可执行指令的计算机可读存储介质。

该项权利要求由于其发明主题是计算机存储介质，依据中国专利法是非授权客体，因此在该申请的授权文本中，该项权利要求就被删除了。而通过对该专利进行调查后发现，该项权利要求是直接依据其优先权文本（日本专利申请）进行翻译后依据《巴黎公约》进入中国的，也就是说其撰写是依据日本法进行的。因此，这类专利申请在进入中国时，可以直接将相关权利要求删除，或者改成可被授权的装置或方法。

该项权利要求所引用的权利要求7的具体内容为：

一种颜色处理方法，包括以下步骤：

将在输入装置依赖颜色空间中表示的输入数据转换为装置独立颜色空间中表示的数据；

判断所述输入数据的属性，并将所述判断的结果传送给色域映射单元和输出转换单元；

基于所述判断的结果，使用输入装置和输出装置的原色斜坡信息对在所述装置独立颜色空间中表示的数据进行到与输出装置的色域信息相对应的数据的色域映射；以及

基于所述判断的结果，将经过了所述色域映射的数据转换为在输出装置依赖颜色空间中表示的输出数据，

其中，所述属性是根据原色或二次色的值的识别信息。

而该项权利要求就被授权了，原因是其符合中国《专利审查指南2010》关于可被授权的涉及计算机程序的发明的有关规定。

此外，笔者认为，计算机程序的可专利性在中国是必然趋势。从美国、欧盟的计算机程序可专利的历程中可以看出，这些国家和地区最开始都是以著作权法对计算机程序进行保护，但随着计算机程序的功能及其技术特性越来越强大，只保护作品的形式而不保护作品的内容的著作权法已经不能对计算机程序进行有效的保护，因此软件产业就开始诉求通过专利法对计算机程序进行保护，因为专利法可对计算机程序的内容进行保护。于是，这些国家和地区的立法机构在软件产业相关的利益集团的推动下，从最初不承认计算机程序具有可专利性到开始承认满足特定要求的计算机程序具有可专利性，而且近几年，计算机程序的可授权要求门槛有越来越低的趋势。由此可见，计算机程序的可专利性已经不是什么问题，因为任何人

都非常清楚，离开了计算机程序，整台计算机就是一堆废品，毫无利用价值可言。中国至今不承认计算机程序的可专利性，很大一部分原因是国内相关产业的弱势，国内尚未出现诉求计算机程序的可专利性立法的中国本土利益集团。如果过早地对计算机程序提供专利法保护，受益更多的则是具有更强优势的国外企业，这将不利于国内产业的发展。

但是，笔者还是希望中国能够尽早地承认计算机程序、存储介质等的可专利性，这有利于对国内相关产业的参与者进行积极引导。对于进入中国的专利申请，如果权利要求要求保护的主题是计算机程序、存储介质等，也可以考虑对这些权利要求进行保留，以此来表示一种诉求。等到进入实质审查阶段，可再按照审查员的要求对相应权利要求进行删除或者修改。

（二）出中国的专利申请

需要到国外申请专利的，包括以下两种情况：（1）国内企业将其发明创造向其他国家提出专利申请。这种情况下，国内企业一般都已经对该发明创造在国内提出了专利申请，需要考虑的是向其他国家提出《巴黎公约》申请还是通过PCT进入指定国家。（2）外资企业在中国的子公司在中国国内完成发明创造后，将该发明创造向该外资企业所在国或者其他国家提出专利申请。对此提出以下建议。

1. 优先在中国完成专利申请

对于国内企业而言，其在将国内完成的发明创造向其他国家申请专利之前，一般都已经在国内完成了专利申请，因此优先在中国国内完成专利申请一般不存在什么问题。这项建议主要是针对外资企业而言的。现在许多外资企业在中国国内投资建立全资的研发子公司，并对其研发子公司进行研发资助以产生研发成果。对于在中国产生的研发成果，许多外资企业都希望直接以其名义优先在其所在国或者其他国家提出专利申请。对此，存在两方面的问题：（1）中国子公司产生的研发成果若直接以该外资企业的名义在国外提出专利申请,其实质已经构成了技术出口,依照相关法律法规的规定,必须履行必要的行政审批程序;(2)于 2008 年开始实施的新修订《专利法》规定,在中国完成的发明创造,在向国外提出专利申请以前,必须经过国家的保密审查,否则其在中国提交的专利申请将不被授权。

正是基于存在的上述风险,外资企业在向国外提出专利申请之前,最好还是以其在中国子公司的名义先在中国完成专利申请。如果外资企业想要成为该专利申请的申请人之一,那么,有两种办法可供选择:(1)与其在中国的子公司约定双方共有专利申请权,但这已经构成实质意义上的技术出口,依照相关法律法规的规定,需要履行必要的行政审批程序;(2)外资企业将其研发人员派往其在中国的子公司参与项目研发,就其参与部分所产生的发明创造,外资企业与其在中国的子公司自然共同拥有专利申请权。

2. 按照中国法的要求以及审查实践来撰写申请文件

不同国家对专利申请文件的要求各有不同,其审查实践也千差万别,很难撰写出一份可以同时满足不同国家法的要求的申请文件。一般而言,提出专利申请后,都有对权利要求进行修改的机会,只要这样的修改能够获得说明书的支持。这样,说明书撰写的好与坏就显得尤为重要。而根据专利申请实践来看,中国法及审查实践对说明书应当公开充分、权利要求应当得到说明书的支持等方面要求相对较严,为了满足这种要求,需要在说明书中尽可能多地公开技术内容。因此,按照这种高标准来撰写的专利申请文件,在后续进入不同国家时,对权利要求进行适应性修改的可能性都会相对较高。

3. 撰写专利申请文件时,应考虑到中国与其他国家在专利授权客体方面的差异

前面已经提到,许多在其他国家可被授权的授权客体诸如计算机

程序、存储介质等在中国是不被授权的。一件发明创造若有必要向国外提出专利申请，则在按照中国法的要求以及审查实践撰写专利申请文件时，就必须考虑这种差异性。虽然在中国提出的专利申请中的权利要求中没必要就上述客体要求进行保护，但是在说明书中则有必要进行必要的记载，以便在进入其他国家时，依照说明书的记载对权利要求进行修改或者重新撰写，以对相关客体要求进行保护。

4. 根据具体情况来决定以要求《巴黎公约》优先权的方式还是以 PCT 进入指定国国家阶段的方式提出国外申请

对于已经优先在中国提出专利申请的情况，该以何种方式向国外提出专利申请，即应以中国专利申请作为优先权基础要求《巴黎公约》优先权，还是以 PCT 申请进入指定国国家阶段的方式提出国外申请。一般而言，如果对提出国外申请的目的国的法律以及专利审查实践了解不多，或者提出国外申请的目的国较多时，可以考虑以 PCT 申请进入指定国国家阶段的方式提出国外申请；如果对提出国外申请的目的国的法律以及专利审查实践有充分了解，能够对专利申请文件进行目的国本地化完善，或者提出国外申请的目的国较少时，则可以考虑以要求《巴黎公约》优先权的方式提出国外申请。

专利诉讼篇

禁止反悔原则及其在中国的适用

一、禁止反悔原则的概念和内涵

禁止反悔原则,作为专利侵权诉讼中用于对抗专利权人侵权主张的一种不侵权抗辩原则,又称禁止反言原则。其是指在专利授权(专利审查程序、专利复审程序)或者确权程序(专利无效程序)中,专利申请人或专利权人为确定其专利申请或已授权专利具备法律所要求的专利授权条件,通过书面声明或者修改专利文件的方式,对专利权利要求所要求保护的技术方案作出限定性解释或者对部分技术方案进行放弃,而在专利侵权诉讼中,法院在通过适用等同原则来确定专利的保护范围时,应当禁止专利权人通过将已经被限定或者放弃的技术方案重新纳入专利的保护范围来主张侵权。

禁止反悔原则是与等同原则相对立的原则,可直接限制等同原则的适用,其实质是防止专利权人在侵权诉讼过程中为了获得有利于其的结果而通过主张适用等同原则来将其在专利授权或确权程序中已经放弃的技术方案重新纳入其专利的保护范围,进而来证明其侵权主张成立。可见禁止反悔原则的核心是防止专利权人在专利审批过程(授权程序和确权程序)和专利侵权诉讼过程中出尔反尔。

禁止反悔原则其实来源于被誉为民商事活动的"帝王条款"——诚实信用原则,是诚实信用原则在专利诉讼领域中的具体应用。诚实信用原则是指民事主体进行民事活动必须意图诚实、善意、行使权利不侵害他人与社会的利益,履行信守承诺和法律规定义务,最终达到所有获取民事利益的活动,不仅应使当事人之间的利益得到平衡，而且也必须使当事人与社会之间的利益得到平衡的基本原则。我国《民法通则》第 4 条规定，民事活动应当遵循诚实信用原则。由此可见，诚实信用原则已经成为我国民事主体从事民事活动的一项基本原则。

专利制度作为一项基本的民事法律制度，在民事活动领域中所遵循的基本原则理应同样适用于专利申请、授权、维持等活动中，即专利申请人或者专利权人在提出专利申请时、在专利授权过程中对审查员发出的审查意见通知书进行答复时、在专利复审过程中提出复审请求并进行意见陈述时、在专利无效过程中进行意见陈述时，均应当本着"诚实信用原则"诚实、守信地对专利文件加以修改，并对审查员以及无效请求人所提出的专利申请或者授权专利所存在的不符合专利法所要求的授权条件的问题进行有针对性的答复或解释。具体到专利审查过程，审查员结合其所检索到的现在技术对比文件以及本领域普通技术人员所具备的一般技术知识，会就专利申请中所存在的不具备新颖性或创造性、权利要求书保护范围过宽得不到说明书的支持、权利要求不清楚不简要等问题发出审查意见通知书。由于审查意见通知书所指出的这些问题往往都是影响专利申请授权前景的实质性问题，所以，专利申请人会针对审查意见通知书所指出的这些问题对专利申请文件进行相应修改，或者通过意见陈述书对这些问题进行有针对性的回复，或者对权利要求的保护范围作出限制性承诺。审查员在专利申请人提交的意见陈述书以及修改的专利申请文件的基础上继续审查，如果审查员所指出的专利申请中所存在的问题已经被专利申请人提交的经修改的专利文件或者意见陈述所克服，则审查员会发出授权通知书。由此可见，专利申请的最终授权是建立在专利申请人以对专利申请文件进行修改方式或者以通过意见陈述书对审查员所指出的问题进行针对性答复的方式所作出的承诺或意思表示的基础上的。虽然这一承诺或意思表示是针对审查员作出的，但审查员在专利审查过程中所扮演的角色是代表国家对专利申请是否可以得到授权进行审查，审查员所代表的利益群体是整个社会公众，同时，专利权是一种"对世权"，一经授权则对所有人产生排他权利。因此，专利申请人在专利审查过程中所作出的承诺或者意思表示亦应自然延及整个社会公众。

然而，在专利侵权诉讼程序中，专利权人为了能够获得对其有利的诉讼结果，往往会对其授权的专利权利要求的保护范围进行扩大性解释。其中常用的方式之一，就是将在专利审批过程中已经放弃的技术方案重新纳入其专利保护范围或者对已经作出限制性解释的技术方案再进行扩大性解释，并通过主张等同原则进而证明其侵权主张成立。由此可见，专利权人在侵权诉讼程序中这一行为，已经与其在专利审批过程中以特定方式作出的承诺或意思表示相违背。正如前面所论证的，虽然在专利审批过程中，专利申请人所作出的承诺或意思表示是针对审查员所作出的，但审查员所代表的身份是代表公众的国家，专利申请人对审查员所作出的承诺或意思表示自然亦应视为是对公众所作出的，而在专利侵权诉讼程序中的被告自然也是公众的一份子，可见，专利权人在专利侵权诉讼过程中的"反悔"行为已经是对其承诺或意思表示的违反，自然不应被允许。由此可见，专利侵权诉讼过程中适用的"禁止反悔原则"是民事活动所遵循的"诚实信用原则"以及"契约精神"在专利领域的具体化。

二、禁止反悔原则在中国法中的体现

禁止反悔原则虽然在中国的专利侵权审判实践中早已被普遍适用，但直至2009年年底，最高人民法院才在其公布的《关于审理侵犯专利权纠纷案件应用法律若干问题的解释》中以司法解释的方式对禁止反悔原则进行了首次规定，自此，禁止反悔原则才以"成文法"的形式得以确认。

《关于审理侵犯专利权纠纷案件应用法律若干问题的解释》第6

条对禁止反悔原则进行了规定:

> 专利申请人、专利权人在专利授权或者无效宣告程序中,通过对权利要求、说明书的修改或者意见陈述而放弃的技术方案,权利人在侵犯专利权纠纷案件中又将其纳入专利权保护范围的,人民法院不予支持。

可以对上述规定作如下解读:

(1) 禁止反悔原则的适用对象是专利权人。

虽然禁止反悔原则应适用于专利侵权诉讼中的专利权人而非其他诉讼参与人如被告等,已经被广泛认可,但是在近几年的司法审判实践中,确实有法院在其判决中,将禁止反悔原则适用在了被告身上,可见有的法院对禁止反悔原则的认识还存在一定误区。

(2) 权利人在专利授权程序和无效宣告程序中的行为可导致禁止反悔原则的适用。

该规定中的授权程序应当包括专利申请提出后的专利审查程序以及专利申请被驳回后又提起的专利复审程序。该条中所规定的授权程序和无效宣告程序,实际上已经包括决定专利申请是否应当被授权以及专利是否应当无效的全部程序。也就是说,专利申请人或者专利权人在所有这些程序中所作出的特定行为可能会引起禁止反悔原则在其后的专利侵权诉讼中被适用。

(3) 对权利要求、说明书的修改或者意见陈述可导致禁止反悔原则的适用。

对于专利申请人或者专利权人在专利授权、确权程序中的何种行为可导致禁止反悔原则的适用,该司法解释将其明确为"对权利要求、说明书的修改或者意见陈述"。但是否所有的"对权利要求、说明书的修改或者意见陈述"都会导致禁止反悔原则的适用?该司法解释规定"通过对权利要求、说明书的修改或者意见陈述而放弃的技术方案",权利人不得在侵犯专利权纠纷案件中将其纳入专利权保护范围。这也就是说，并不是所有的"对权利要求、说明书的修改或者意见陈述"都会导致禁止反悔原则的适用，只有那些导致"技术方案"被"放弃"后果的修改或者意见陈述，才可导致禁止反悔原则的适用。一般而言，对权利要求所作出的实质性修改，均会产生放弃技术方案的后果，而对说明书的修改以及意见陈述则不一定会直接产生放弃技术方案的后果，只有当这样的修改或者意见陈述是针对权利要求，并且对权利要求的解释起到了限制性作用时，才可能产生放弃技术方案的后果。

（4）禁止反悔原则禁止的是将放弃的技术方案再纳入专利保护范围，而并不禁止对被修改或限制的技术特征适用等同原则。

关于权利要求中的技术特征被修改后，在专利侵权诉讼中，专利权人是否仍可对被修改或限制的技术特征主张等同原则，有两种不同的观点：一种观点认为，权利要求中的特定技术特征被修改或者限制后，在后续的专利侵权诉讼中就不能再针对该被修改或限制的技术特征主张等同原则，而只能主张字面侵权；另一种观点认为，权利要求中的特定技术特征被修改或限制后，在后续的专利侵权诉讼中仍可针对该被修改或限制的技术特征主张等同原则，只不过此时的"等同"是有限制的"等同"，权利人不得再通过等同原则将其已经放弃的技术方案纳入其保护范围。从最高人民法院的《关于审理侵犯专利权纠纷案件应用法律若干问题的解释》第6条的规定可以看出，该解释主张的是第二种观点。

三、禁止反悔原则在中国审判实践中的应用——经典案例评述

（一）案件回顾

【澳诺（中国）制药有限公司诉湖北午时药业股份有限公司、王

某侵犯发明专利权纠纷再审案】

申请再审人（一审被告、二审上诉人）：湖北午时药业股份有限公司。

法定代表人：程某，董事长。

委托代理人：蒋某，北京市联德律师事务所律师。

委托代理人：刘某，北京市联德律师事务所律师。

被申请人（一审原告、二审被上诉人）：澳诺（中国）制药有限公司。

法定代表人：刘某，董事长。

委托代理人：张某，上海市方达律师事务所深圳分所律师。

委托代理人：曹某。

原审被告：王某。

申请再审人湖北午时药业股份有限公司（以下简称午时药业公司）因与被申请人澳诺（中国）制药有限公司（以下简称澳诺公司）、原审被告王某侵犯发明专利权纠纷一案，不服河北省高级人民法院（2007）冀民三终字第23号民事判决，向最高人民法院申请再审。最高人民法院于2008年12月25日作出（2008）民申字第458号民事裁定，提审该案。最高人民法院依法组成合议庭公开开庭审理了该案。午时药业公司的委托代理人蒋某、刘某，澳诺公司的委托代理人张某、曹某到庭参加诉讼，原审被告王某经最高人民法院合法传唤未到庭。该案现已审理终结。

2006年11月25日，澳诺公司起诉至河北省石家庄市中级人民法院称，澳诺公司发现午时药业公司生产并在河北等地广泛销售其产品新钙特牌"葡萄糖酸钙锌口服溶液"，并在王某经营的保定市北市区鑫康大药房公证购买了被诉侵权产品。午时药业公司和王某侵犯其发明专利权，请求法院判令：（1）午时药业公司和王某停止生产、销售新钙特牌"葡萄糖酸钙锌口服溶液"；（2）午时药业公司、王某在《中国医药报》上刊登致歉声明；（3）午时药业公司和王某赔偿澳诺公司经济损失 1 941 371.44 元，并承担本案律师代理费、诉讼费。

河北省石家庄市中级人民法院一审查明，1995 年 12 月 5 日，孔某向国家专利局申请"一种防治钙质缺损的药物及其制备方法"发明专利，2000 年 12 月 15 日，国家知识产权局授予其专利权，专利号为 ZL95117811.3，授权公告日为 2001 年 1 月 10 日。该专利权利要求 1 为："一种防治钙质缺损的药物，其特征在于：它是由下述重量配比的原料制成的药剂：活性钙 4～8 份，葡萄糖酸锌 0.1～0.4 份，谷氨酰胺或谷氨酸 0.8～1.2 份。"2006 年 4 月 3 日，专利权人孔某与澳诺公司签订《专利实施许可合同书》，当时澳诺公司名称为澳诺制药有限公司，后在工商局变更为澳诺（中国）制药有限公司。该合同约定：孔某将涉案专利许可澳诺公司独占实施，授权期限同专利期限，无地域和使用方式限制。如发生第三方实施对本专利的侵权行为，由被许可方独立向侵权行为人提起诉讼，相关法律后果（利益或损失）均由被许可方承担。

2006 年 9 月 28 日，经保定市第二公证处公证，澳诺公司在王某经营的保定市北市区鑫康大药房购买了午时药业公司生产的新钙特牌"葡萄糖酸钙锌口服溶液"2 盒。产品说明书载明的成分为：每 10ml 含葡萄糖酸钙 600mg、葡萄糖酸锌 30mg、盐酸赖氨酸 100mg。国家食品药品监督管理局药品注册批件（批件号：2005S009711）中对该产品的规格也标明为：10ml：葡萄糖酸钙 0.6g、葡萄糖酸锌 0.03g 和盐酸赖氨酸 0.1g。

涉案专利申请公开文本中，其独立权利要求为可溶性钙剂，可溶性钙剂包括葡萄糖酸钙、氯化钙、乳酸钙、碳酸钙或活性钙。在国家知识产权局第一次审查意见通知书中，审查员认为，该权利要求书中使用的上位概念"可溶性钙剂"包括各种可溶性的含钙物质，它概括了一个较宽的保护范围。而申请人仅对其中的"葡萄糖酸钙"和"活性钙"提供了配制药物的实施例，对于其他可溶性钙剂没有提供配方和效果实施例。所属技术领域的技术人员难于预见其他可溶性钙剂按本发明进行配方是否也能在人体中发挥相同的作用。权利要求在实质上得不到说明书的支持，应当对其进行修改。申请人根据审查员的要求，对权利要求书进行了修改，将"可溶性钙剂"修改为"活性钙"。

为判断午时药业公司生产的"葡萄糖酸钙锌口服溶液"技术特征是否落入澳诺公司所主张的专利权保护范围，一审法院委托北京紫图知识产权鉴定中心进行技术鉴定。该机构作出的鉴定报告认为：午时药业公司产品含有葡萄糖酸钙，而涉案专利是活性钙，活性钙与葡萄糖酸钙都是可食用的能被人体吸收的钙剂，作为补钙药剂的原料两者都是等同的，可供任意选择的；午时药业公司产品为盐酸赖氨酸，涉案专利为谷氨酰胺或谷氨酸，盐酸赖氨酸与专利的谷氨酸是不同的氨基酸，具有不同的营养价值，但在防治钙质缺损的药物中，两者都是与钙剂配伍使用，且均实现促进钙吸收的功能和效果，所以二者等同；除上述特征等同外，午时药业公司产品与涉案专利两者用途相同，其余原料相同，均为葡萄糖酸锌，各种原料的用量比例相同。鉴定结论为："湖北午时药业股份有限公司生产的'新钙特牌'葡萄糖酸钙锌口服溶液药品与涉案专利的技术方案相等同。"

澳诺制药有限公司于2003年2月19日就"一种防止或治疗钙质缺损的口服溶液及其制备方法"，向国家知识产权局申请了发明专利，专利号为ZL03104587.1（以下简称587号专利）。其独立权利要求1为：一种防止或治疗钙质缺损的口服溶液，其特征在于它是由下述重量比计的配方和原料制成的制剂：可溶性钙剂4～9份，葡萄糖酸锌0.1～0.4份，盐酸赖氨酸0.8～1.2份。庭审中，午时药业公司认为，被诉侵权产品与587号专利相同，而该专利既然得到授权，说明是有创造性的，并不是涉案专利的等同替换。

河北省石家庄市中级人民法院一审认为，专利权人孔某享有的涉案专利权及其与澳诺公司签订的独占实施许可合同合法有效，应受法律保护。午时药业公司生产、销售的"葡萄糖酸钙锌口服溶液"，经委托鉴定机构鉴定，其产品的技术特征与澳诺公司主张的涉案专利构成等同，午时药业公司未经专利权人许可生产、销售上述产品，已构成侵权。

只有为了使专利授权机关认定其申请专利具有新颖性或创造性而进行的修改或意见陈述，才产生禁止反悔的效果，并非专利申请过程中关于权利要求的所有修改或意见陈述都会导致禁止反悔原则的适用。该案专利权人在专利申请过程中根据专利审查员的意见对权利要求书进行了修改，将独立权利要求中的"可溶性钙剂"修改为"活性钙"，并非是为了使其专利申请因此修改而具有新颖性或创造性，而是为了使其权利要求得到说明书的支持，故此修改不产生禁止反悔的效果。

只要被控侵权产品侵犯了他人在先专利，即构成侵权，午时药业公司辩称其产品特征与587号专利相同，不构成对涉案专利侵权的主张不能成立。

澳诺公司对其所主张的经济损失未能提供有力证据，故根据本案午时药业公司侵权情节、销售范围等具体情况，酌情确定午时药业公司赔偿澳诺公司经济损失的数额，并适当赔偿澳诺公司律师代理费。王某系销售者，不知道销售的产品系侵权产品，且已提供了产品合法来源，澳诺公司对此并无异议，故王某只承担停止侵权责任，不承担赔偿责任。午时药业公司侵权行为并未给澳诺公司造成商誉上的损害，故对其要求午时药业公司在报纸上致歉的请求不予支持。

河北省石家庄市中级人民法院于2007年3月6日作出（2006）

石民五初字第 00169 号民事判决：（1）午时药业公司停止生产、销售"葡萄糖酸钙锌口服溶液"产品，并赔偿澳诺公司经济损失 30 万元，律师代理费 1.5 万元；（2）王某停止销售午时药业公司生产的"葡萄糖酸钙锌口服溶液"产品；（3）驳回澳诺公司其他诉讼请求。案件受理费 30 015 元，由午时药业公司负担 11 265 元，澳诺公司负担 18 750 元，鉴定费 30 000 元，由午时药业公司负担。

午时药业公司不服一审判决，向河北省高级人民法院提起上诉。

河北省高级人民法院二审查明，双方当事人除对活性钙的概念提供一些学术文章和活性钙作为食品的国家标准外，均未提交其他新证据。

午时药业公司以 587 号专利文件为主要证据，抗辩澳诺公司的主张，故二审法院于 2007 年 8 月 2 日裁定中止本案审理，等待国家知识产权局专利复审委员会（以下简称专利复审委员会）对该专利的有效性作出最后决定。2006 年 11 月 13 日，专利复审委员会作出《无效宣告请求受理通知书》，受理了午时药业公司此前提出的 587 号专利权的无效宣告请求，庭审时午时药业公司称已撤回申请。2006 年 8 月 25 日，湖北福人药业公司又向专利复审委员会提出 587 号专利权的无效宣告请求。2007 年 9 月 25 日，湖北福人药业公司向专利复审委员会提交了撤回宣告 587 号专利权无效请求的书面声明。专利复审委员会于 2007 年 10 月 11 日作出《无效宣告案件结案通知书》。但 2007 年 9 月 11 日，午时药业公司代理人以其个人名义对 587 号专利权再次提出无效宣告请求，2007 年 10 月 31 日，专利复审委员会又作出《无效宣告请求受理通知书》。

河北省高级人民法院二审认为，考虑到湖北福人药业公司对澳诺公司 587 号专利权提出无效申请已有一段时间，拟等待专利复审委员会对该专利的有效性作出决定后再处理本案。但湖北福人药业公司不知何故撤回申请。午时药业公司也在此前申请无效后又撤回申请，现在又第二次以其委托代理人个人名义申请无效，午时药业公司对此行为不能作出合理解释，因为587号专利有效，对其主张有利，而其如此反复地申请却又撤回申请，明显会造成时间上的拖延和国家在行政、司法资源上的浪费。且国家药品监督管理局于2001年3月29日颁布的"葡萄糖酸钙锌口服液国家标准"（WSl-XG-008-2001）对药品的配比规格与587号专利的权利要求保护的内容基本相同。国家药品监督管理局于2002年11月6日发布的国药监安（2002）404号文件《关于公布第三批非处方药目录的通知》，该文件附件《第三批非处方药药品目录（二）》中明确载明了"葡萄糖酸钙锌口服液"的药物组成配比，该内容与587号专利技术方案也基本相同。国家知识产权局在国家标准及相关文件颁布后，仍对该专利授权明显不妥。

一审法院在依职权委托专业机构进行技术鉴定时，未通知当事人的行为，存在不妥之处，但并不构成鉴定程序违法，故该鉴定报告仍可作为本案定案的依据。对午时药业公司请求重新鉴定或补充鉴定的申请予以驳回。涉案专利的申请人对权利要求书进行的修改只是为了使其权利要求得到说明书的支持，并非因此而使其申请的专利具有新颖性或创造性，故此修改不产生禁止反悔的效果。涉案专利在其说明书中对"葡萄糖酸钙"提供了配制药物的实施例，所属技术领域的技术人员对"葡萄糖酸钙"和"活性钙"按该发明进行配方均能在人体中发挥相同的作用是显而易见的，说明活性钙与葡萄糖酸钙在用作补钙药物的制药原料方面不存在实质性差别，两者可以等同替换。根据2000年4月10日国家药品监督管理局国药管安（2000）131号文件，即《关于公布呼吸系统用药和维生素及矿物质类药品地方标准品种再评价结果的通知》的附件《呼吸系统用药、维生素及矿物质类药品地方标准品种再评价结果》，直接载明了"锌钙特口服液"（澳诺公司产品）可以"用盐酸赖氨酸10g代替谷氨酸

10g"。且本案一审法院委托专业机构所作鉴定结论，也认为"活性钙"与"葡萄糖酸钙""谷氨酸或谷氨酰胺"与"盐酸赖氨酸"均构成等同。故午时药业公司生产的产品落入澳诺公司独占许可使用的专利权的保护范围，构成侵权。

河北省高级人民法院于2007年12月17日作出（2007）冀民三终字第23号民事判决：驳回上诉，维持一审判决。二审案件受理费30 015元，由午时药业公司负担。

午时药业公司申请再审称：（1）涉案专利权利要求1作为一项封闭式的组合物权利要求，已经用封闭式方式限定了其所包含的组分种类和范围，而被诉侵权产品则含有超出权利要求1封闭范围的其他多种组分，足以证明被诉侵权产品没有落入涉案专利权利要求1的保护范围。（2）专利权人在涉案专利的审批程序中，将使用葡萄糖酸钙作为钙质组分的组合物技术方案从公开的权利要求中予以删除，该行为对涉案专利产生禁止反悔的法律后果，一审、二审判决认定使用葡萄糖酸钙作为钙质组分的被诉侵权产品落入涉案专利权利要求1的保护范围，明显违反禁止反悔原则。（3）由于涉案专利权利要求1所限定的"活性钙"组分与被诉侵权产品所使用的"葡萄糖酸钙"组分具有截然相反的水溶物理属性，所以在用作制备以水为溶解介质的口服溶液类药物的原料方面，两者具有本质区别，完全不属于可以等同替换的技术手段。（4）由于被申请人已在申请587号专利的过程中，通过对比试验证明，被诉侵权产品所使用的"盐酸赖氨酸"组分在用做补钙药物的制备原料方面，与涉案专利权利要求1所限定的"谷氨酰胺或谷氨酸"组分相比，在技术效果上具有显著区别。因此，无论从尊重客观事实的角度，还是从禁止被申请人反悔以体现公平合理原则的角度，在本案中均不应认定两组分构成等同。

澳诺公司辩称：（1）涉案专利权利要求1并非封闭式表达方式，

并且无论权利要求1是否为封闭式表达方式，被诉侵权产品均落入其保护范围。（2）涉案专利在审批过程中并未针对新颖性和创造性进行修改，也没有明确放弃或者删除哪些内容，专利权人将"可溶性钙剂"修改为"活性钙"是一种澄清性修改，修改后的活性钙是指离子形式的钙，也称钙离子，属于具有生理活性的钙，包括了含葡萄糖酸钙在内的所有组分钙，该修改不适用禁止反悔原则。（3）并不否认"盐酸赖氨酸相对于谷氨酰胺或谷氨酸能够显著增加葡萄糖酸钙的溶解度和理化性质的稳定性"，但587号专利是在涉案专利的基础上的选择发明，二者是包容的关系，侵犯587号专利必然侵犯涉案专利。

最高人民法院经审查，认定原一审、二审法院查明的事实属实。

最高人民法院再审认为，本案争议的主要问题是：（1）权利要求1是否为封闭式结构以及对于权利要求1中记载的"活性钙"应如何解释；（2）活性钙与葡萄糖酸钙是否等同；（3）谷氨酰胺或谷氨酸与盐酸赖氨酸是否等同。

（1）关于权利要求1是否为封闭式结构以及对于权利要求1中记载的"活性钙"应如何解释问题。

专利权利要求1为组合物权利要求，采用了"由下述重量配比的原料制成的药剂"的表达方式。权利要求1的这种表达方式，并不属于国家知识产权局制定的《审查指南2006》第二部分第十章第4.2.1节所列举的"由……组成""组成为"等封闭式表达方式的形式。此外，从权利要求1与权利要求2的限定关系看，权利要求1也不是封闭式表达方式。从属于权利要求1的权利要求2限定了药剂为散剂或口服液。一般而言，从属权利要求是对独立权利要求的进一步限定而非扩张。在从属权利要求2进一步限定了权利要求1中的药剂可以是散剂或口服液的情况下，显然权利要求2还包括除了活性钙、葡萄糖酸锌、谷氨酰胺或谷氨酸之外的其他组分，说明权利要求1可以包括除了活性钙、葡萄糖酸锌、谷氨酰胺或谷氨酸之外的其他组分。因此，权利要求1应当理解为开放式表达方式的权利要求。

关于权利要求1中记载的"活性钙"是否包含"葡萄糖酸钙"的问题。涉案专利申请公开文本权利要求2以及说明书第2页明确记载，可溶性钙剂是"葡萄糖酸钙、氯化钙、乳酸钙、碳酸钙或活性钙"。可见，在专利申请公开文本中，葡萄糖酸钙与活性钙是并列的两种可溶性钙剂，葡萄糖酸钙并非活性钙的一种。此外，涉案专利申请公开文本说明书实施例1记载了以葡萄糖酸钙作为原料的技术方案，实施例2记载了以活性钙作为原料的技术方案，进一步说明了葡萄糖酸钙与活性钙是并列的特定钙原料，葡萄糖酸钙并非活性钙的一种。澳诺公司辩称，专利申请人在涉案专利的审批过程中，将"可溶性钙剂"修改为"活性钙"属于一种澄清性修改，修改后的活性钙包括了含葡萄糖酸钙在内的所有组分钙。然而，从涉案专利审批文档中可以看出，专利申请人进行上述修改是针对国家知识产权局认为涉案专利申请公开文本权利要求中"可溶性钙剂"保护范围过宽，在实质上得不到说明书支持的审查意见而进行的，同时，专利申请人在修改时的意见陈述中，并未说明活性钙包括了葡萄糖酸钙，故被申请人认为涉案专利中的活性钙包含葡萄糖酸钙的主张不能成立。

（2）关于活性钙与葡萄糖酸钙是否等同问题。

正如上述问题（1）中对"活性钙"是否包含"葡萄糖酸钙"所阐述的那样，专利权人在专利授权程序中对权利要求1所进行的修改，放弃了包含"葡萄糖酸钙"技术特征的技术方案。根据禁止反悔原则，专利申请人或者专利权人在专利授权或者无效宣告程序中，通过对权利要求、说明书的修改或者意见陈述而放弃的技术方案，在专利侵权纠纷中不能将其纳入专利权的保护范围。因此，涉案专利权的保护范围不应包括"葡萄糖酸钙"技术特征的技术方案。被诉侵权产品的相应技术特征为葡萄糖酸钙，属于专利权人在专利授权程序中放弃的技术方案，不应当认为其与权利要求1中记载的"活性钙"技术特征等同而将其纳入专利权的保护范围。原审判决对禁止反悔原则理解有误，将二者认定为等同特征不当。

（3）关于谷氨酰胺或谷氨酸与盐酸赖氨酸是否等同问题。

587号专利权人在该专利审批过程中提供的《意见陈述》中称，在葡萄糖酸锌溶液中加入盐酸赖氨酸，与加入谷氨酰胺或谷氨酸的配方相比，前者使葡萄糖酸钙口服液在理化性质上有意料之外的效果，在葡萄糖酸钙的溶解度和稳定性等方面都有显著的进步，并提供了相应的实验数据证明其上述主张。国家知识产权局也据此申辩主张授予了587号专利权。由于587号专利的权利要求1与涉案专利权利要求1的主要区别，就在于将涉案专利权利要求1记载的"谷氨酸或谷氨酰胺"变更为"盐酸赖氨酸"。可见，从专利法意义上讲，"谷氨酸或谷氨酰胺"与"盐酸赖氨酸"这两个技术特征，对于制造葡萄糖酸锌溶液来说，二者存在实质性差异。被诉侵权产品的相应技术特征为盐酸赖氨酸，与涉案专利权利要求1记载的"谷氨酸或谷氨酰胺"技术特征相比，二者不应当属于等同的技术特征。国家药品监督管理局国药管安（2000）131号《通知》附件中，虽然公布了可以"用盐酸赖氨酸10g代替谷氨酸10g"，但这只是国家采用的一种行政管理措施，并非专利法意义上的等同替换，不能据此就认为被诉侵权产品的盐酸赖氨酸技术特征与涉案专利权利要求1记载的"谷氨酸或谷氨酰胺"技术特征等同。

鉴于被诉侵权产品的"葡萄糖酸钙"和"盐酸赖氨酸"两项技术特征，与涉案专利权利要求1记载的相应技术特征"活性钙"和"谷氨酸或谷氨酰胺"既不相同也不等同，被诉侵权产品没有落入专利权的保护范围，因此，午时药业公司、王某生产、销售被诉侵权产品的行为不构成侵犯专利权。原审判决适用法律不当,判决结果错误,应予纠正;申请再审人申请再审的主要理由成立,应予支持。依照《中华人民共和国民事诉讼法》第 186 条第 1 款、第 153 条第 1 款第(2)项的规定,判决如下:

一,撤销河北省石家庄市中级人民法院(2006)石民五初字第 00169 号民事判决和河北省高级人民法院(2007)冀民三终字第 23 号民事判决;

二、驳回澳诺(中国)制药有限公司的诉讼请求。

本案一、二审案件受理费共 60 030 元,技术鉴定费 30 000 元,由澳诺(中国)制药有限公司负担。

本判决为终审判决。

该案是最高人民法院于 2010 年公布的"2010 年中国法院知识产权司法保护 50 件典型案例"中 11 件侵犯专利权纠纷案件中的一件,同时,最高人民法院在《2010 年知识产权案件年度报告》中也对该案进行了简要评述。该案之所以被称为"典型",首先是因为该案争议的焦点涉及如何对权利要求进行解释、如何适用等同原则、在何种情况下可适用禁止反悔原则等问题,这些问题都是近几年专利侵权诉讼实践中争议较大的问题;其次,该案是最高人民法院发布《关于审理侵犯专利权纠纷案件应用法律若干问题的解释》(2010 年 1 月 1 日实施)后作出再审判决的案件,该司法解释首次对禁止反悔原则进行了规定,而该案是最高人民法院在该司法解释实施后对该原则进行适用的为数不多的案件之一,通过对该案进行分析有利于了解禁止反悔原则在中国司法审判实践中的应用。总体来讲,该案可提供如下几方面的启示。

1. 为克服权利要求不能得到说明书的支持的缺陷而修改权利要求可导致禁止反悔原则的适用

关于专利申请人或专利权人在专利授权或确权程序中对权利要求

书和说明书作出的何种修改可导致禁止反悔原则的适用，一直是理论与实务界争议不休的问题。有不少人主张，只有针对审查员所指出的专利申请缺少新颖性或创造性的审查意见而对权利要求书或说明书所作出的修改，才可在后续的专利侵权诉讼程序中适用禁止反悔原则。其理由是，专利申请缺少新颖性或创造性是专利申请日以前的现有技术已经对该专利申请进行了公开所致，该专利权利要求却将现有技术纳入其保护范围。因此，针对缺少新颖性或创造性的审查意见而对权利要求或者说明书所作出的修改，就是将现有技术排除出其专利保护范围的修改。避开现有技术而作出的限制性修改自然在后续的专利侵权诉讼中不得反悔，不得将现有技术再纳入其专利保护范围，否则将损害公众利益。

而在该再审案件中，最高人民法院认为："从涉案专利审批文档中可以看出，专利申请人进行上述修改是针对国家知识产权局认为涉案专利申请公开文本权利要求中'可溶性钙剂'保护范围过宽，在实质上得不到说明书支持的审查意见而进行的，同时，专利申请人在修改时的意见陈述中，并未说明活性钙包括了葡萄糖酸钙，故被申请人认为涉案专利中的活性钙包含葡萄糖酸钙的主张不能成立。"由此可见，不仅针对权利要求缺少新颖性、创造性而作的修改可导致禁止反悔原则的适用，针对权利要求书得不到说明书支持而作的修改亦可导致禁止反悔原则的适用。

2. 可以结合其他权利要求和专利审查档案对权利要求的保护范围进行界定

在该再审案件中，最高人民法院认为："涉案专利申请公开文本权利要求2以及说明书第2页明确记载，可溶性钙剂是'葡萄糖酸钙、氯化钙、乳酸钙、碳酸钙或活性钙'。可见，在专利申请公开文本中，葡萄糖酸钙与活性钙是并列的两种可溶性钙剂，葡萄糖酸钙并非活性钙的一种。"在最高人民法院发布《关于审理侵犯专利权纠纷案件应用法律若干问题的解释》之前，我国与专利相关的法律法规只明确规定过说明书及附图可以用于解释权利要求。例如，《专利法》第59条规定："发明或者实用新型专利权的保护范围以其权利要求的内容为准，说明书及附图可以用于解释权利要求的内容。"而最高人民法院2009年发布的《关于审理侵犯专利权纠纷案件应用法律若干问题的解释》第3条规定："人民法院对于权利要求，可以运用说明书及附图、权利要求书中的相关权利要求、专利审查档案进行解释。说明书对权利要求用语有特别界定的，从其特别界定。"其首次提及可以运用其他权利要求和专利审查档案对权利要求的保护范围进行解释。而该再审案件也是通过运用其他权利要求、专利审查档案对涉案专利权利要求1中的"活性钙"的含义进行界定。该案是对上述司法解释的直接运用。

3. 关于如何认定放弃的技术方案

涉案专利的申请公开文本的独立权利为：

一种防治钙质缺损的药物，其特征在于：它是由下述重量配比的原料制成的药剂：可溶性钙剂，4~8份；葡萄糖酸锌或硫酸锌，0.1~0.4份；谷氨酰胺或谷氨酸，0.8~1.2份。

而经过审查最终被授权的独立权利要求为：

一种防治钙质缺损的药物，其特征在于：它是由下述重量配比的原料制成的药剂：活性钙4~8份，葡萄糖酸锌0.1~0.4份，谷氨酰胺或谷氨酸0.8~1.2份。

在国家知识产权局发出的第一次审查意见通知书中，审查员认为，该权利要求书中使用的上位概念"可溶性钙剂"包括各种可溶性的含钙物质，它概括了一个较宽的保护范围。而申请人仅对其中的"葡萄糖酸钙"和"活性钙"提供了配制药物的实施例，对于其他可溶性钙剂没有提供配方和效果实施例。所属技术领域的技术人员难以预见其他可溶性钙剂按本发明进行配方是否也能在人体中发挥相同的作用。权利要求实质上得不到说明书的支持，应当对其进行修改。申请人根据审查员的要求，对权利要求书进行了修改，将"可溶性钙剂"修改为"活性钙"。

申请人将"可溶性钙剂"修改为"活性钙"的后果就是其放弃了"活性钙"以外的其他"可溶性钙剂"，而可溶性钙剂包括葡萄糖酸钙、氯化钙、乳酸钙、碳酸钙或活性钙，即申请人放弃了包括葡萄糖酸钙、氯化钙、乳酸钙和碳酸钙的技术方案。即使活性钙与葡萄糖酸钙同样都是可食用的能被人体吸收的钙剂，作为补钙药剂的原料两者是等同的，可供任意选择，专利权人仍不能在后续的专利侵权诉讼中通过适用"等同原则"而主张包括葡萄糖酸钙的技术方案对包括活性钙的技术方案构成等同侵权。

四、对被告主张适用禁止反悔原则的建议

被告接到法院的应诉通知后，可主要从以下几方面为适用禁止反悔原则作准备。

（一）查证涉案专利所经历过的授权、确权程序，调取相关程序的专利授权、确权档案

为了更有效地在诉讼中主张禁止反悔原则，被告应首先通过国家知识产权局和专利复审委员会的官方网站初步查证涉案专利的法律状态、有无被提出过无效等信息，然后再向国家知识产权局正式调取专利档案，这包括实质审查过程中的专利审查档案、提出过复审请求的复审审查档案、被提出过无效宣告的无效宣告审查档案，而无效宣告审查档案又包括专利权人在无效过程中的意见陈述、无效口审记录、无效宣告决定书等资料。

（二）核实授权、确权程序中对说明书和权利要求书的修改，并确定修改原因

在调取专利授权、确权档案后，应认真核实专利授权文本的说明

书和权利要求书,看看相对于专利原始申请文本的说明书和权利要求书都进行过哪些修改。不仅如此,还应当核实专利实质审查过程中提交的其他修改文本、专利复审及无效程序中提交的修改文本相对于专利原始申请文本都作过哪些修改。一般而言,这些修改都有可能对专利的保护范围产生直接影响,是在其后的专利侵权诉讼中主张禁止反悔原则的重要依据。

在核实专利申请人或专利权人对说明书和权利要求书所作的修改后,紧接着需要确定修改的原因,进而确定是否存在放弃技术方案的情况。对说明书和权利要求书的修改分为两类,一类是被动修改,一类是主动修改。被动修改是专利实质审查程序中或者复审程序中针对审查员或合议组指出的专利申请文件中所存在的缺陷以及专利无效宣告程序中针对无效宣告请求人指出的授权专利所存在的缺陷所作出的修改。一般而言,被动修改的原因相对容易确认,只要详细查阅专利实质审查、复审程序中审查员所发出的审查意见通知书以及无效宣告程序中无效宣告请求人所提出的无效宣告请求书就能够确认。主动修改一般是指专利申请人在提出实质审查请求时或者接到进入实质审查程序通知书之日起3个月内主动对专利申请文本所提出的修改。由于这些修改是专利申请人主动作出的,一般很难确定其真正进行修改的原因,但认真核实专利原始申请文本与修改文本之间的差异,有时也是可以推测出的。

在确定对说明书或权利要求书进行修改的原因后,需要确定所述修改是否对涉案专利的保护范围产生影响,是否产生放弃技术方案的效果。对权利要求的修改,一般均会对权利要求的保护范围产生影响,这样的修改是实质性修改;对说明书的修改,则不一定会对权利要求的保护范围产生影响,这样的修改是针对权利要求的,并对权利要求起到限定作用。

（三）核实授权、确权程序中的意见陈述书的内容，并确定意见陈述是否对涉案权利要求产生限定作用

意见陈述书包括三种：（1）专利实质审查程序中针对实质审查员的审查意见通知书所作出的回复；（2）专利复审程序中针对复审通知书所作出的答复；（3）针对无效宣告程序中无效宣告请求人的无效宣告请求所作出的意见陈述。

意见陈述书一般均会就对说明书和权利要求书进行修改的原因进行阐述，同时，也会对审查意见通知书、复审通知书、无效宣告请求书中所指出的其他缺陷问题进行有针对性的陈述。需要确定这些陈述是不是针对涉案权利要求所记载的技术方案所作出的，这些陈述是否对涉案权利要求的保护范围产生影响，以及是否产生放弃技术方案的效果。

（四）有针对性地提出无效宣告请求，并设法引导专利权人作出有利于被告的意思表示

专利侵权诉讼中的被告提出无效宣告请求，一般而言是为了对涉案专利进行无效或者借助无效宣告程序向法院提出对专利侵权诉讼进行中止，很少有人会意识到如果有针对性地利用无效宣告程序，可以对专利侵权诉讼中的禁止反悔原则的主张起到积极作用。

被告接到法院的应诉通知后，应首先进行现有技术检索和专利分析，并在现有技术以及涉案专利内容的基础上评价涉案权利要求被无效的可能性。如果被无效的可能性比较低，那么可以考虑利用无效宣告程序来为专利侵权诉讼中主张禁止反悔原则服务。

对禁止反悔原则的主张主要是为了限制等同原则的适用。如果专利权人在无效宣告程序中以意见陈述的方式主张无效宣告请求人所指出的特定技术方案与专利所保护的技术方案不同，那么，其效果也就相当于专利权人已经将无效宣告请求人所指出的该特定技术方案排除在其专利的保护范围之外。如果无效宣告请求人所指出的该

特定技术方案恰好是其被控侵权产品所使用的技术方案，或者与其被控侵权产品所使用的技术方案相似，那么在后续的专利侵权诉讼程序中，专利权人就不能通过等同原则来主张被控侵权产品落入其专利的保护范围。

要构筑上面所提到的特定技术方案，需要对被控侵权产品进行分析，确定被控侵权产品中与涉案专利权利要求所记载的技术特征相对应的技术特征，并分析涉案专利权利要求中的技术特征与被控侵权产品中的相应技术特征的差异。基于这些分析，再进行现有技术检索，并找出记载有与被控侵权产品中的相应技术特征相同或相类似的技术特征的对比文件（"相类似的技术特征"应当是指，该技术特征在涉案专利的技术特征与被控侵权产品的相应技术特征之间，更接近被控侵权产品的相应技术特征）。然后基于这些对比文件，以涉案专利不具备新颖性或创造性为由提出无效宣告请求，并在无效宣告请求书或补充意见中，或者在无效宣告的口头审理中，设法引导专利权人作出涉案专利中的技术特征与对比文件中的该相应技术特征的意思表示。

（五）明确主张禁止反悔原则，并在举证期限内提交相关证据

关于禁止反悔原则应当由法院主动适用，还是只能在被告请求的情况下法院才可以适用，一直是个争议较大的问题，即使在2009年年底最高人民法院公布的《关于审理侵犯专利权纠纷案件应用法律若干问题的解释》中也未对此问题作出明确规定。因此，被告在此种情况下就应当对禁止反悔原则进行明确主张，至于主张的时机则不一定非要在答辩期内提交的答辩书中提出，可以考虑在法庭开庭的时候再进行明确主张。这样做有两点好处：（1）在法庭开庭时主张，时间并不晚，并不影响被告向法庭主张适用该原则的权利；（2）在开庭时主张的情况下，原告也是从此时才明确获知被告的主张以及所主张的具体内容，由于时间有限，原告很难作出特别有针

对性的质证或辩论,这有利于被告主张的成立。

此外,应该在法院指定的举证期限内将从国家知识产权局调取的与专利授权、确权程序有关的,并用于主张禁止反悔原则的资料提交给法院。对于在无效宣告程序中形成的口审笔录等有关证据,如果被告无法自行获取,则应在举证期限内向法院提出调取证据请求书,请法院依职权进行调取。在提交该有关证据时,对这些证据的证明目的也可以只进行笼统的说明。

等同原则及其在中国的适用

一、等同原则的概念及内涵

等同原则是被世界各国专利诉讼实践所广泛采用的专利侵权判定原则之一。其是指被控涉嫌侵权的技术（产品或者方法），与权利人所主张的专利相比，虽然在字面上没有落入该专利权利要求所记载的保护范围，但经过分析，被控涉嫌侵权的技术方案与专利权利要求所记载的技术方案构成实质相同，在这种情况下，应认定侵权成立。

在等同原则出现以前，专利诉讼实践采用字面侵权原则来认定被控侵权的产品或技术是否对涉案专利构成侵权。字面侵权又被称为相同侵权，它是指被控侵权的产品或者方法的技术方案只有在以字面含义相同的方式覆盖了权利要求所记载的全部技术特征的时候，才对涉案专利构成侵权。但这一原则在对专利权人的保护上有很大的局限性，体现在：（1）由于文字本身是具有局限性的，同样的一个技术方案用不同的用词、语法结构描述后，所限定的保护范围可能是不一样的。（2）由于专利所要求保护的技术往往是最先进、最前沿的技术，其在提交申请以前往往不会被其他文献所公开，因此，被要求保护的技术方案中的一些新的技术要素需要用一些新的技术用语来描述。而这些新的技术用语在提交专利申请之时还不具备被广为认可的规范定义，其可能会随着技术的发展或普及而被赋予新的内容或者被改变为其他含义，这就导致采用该技术用语的权利要求所限定的保护范围也会随着发生变化，虽然其所限定的技术方案本身并未发生改变。(3) 专利侵权实践表明，大部分侵权人为了避免对专利构成字面侵权，通常都不会对专利权利要求所记载的技术方案进行原盘照搬，而是对其进行些许改变，这样的改变与专利权利要求所记载的技术方案并未构成实质不同，但却可以避免构成字面侵权。

基于上述分析，字面侵权原则对专利权人保护的局限性，简而言之，一是字面侵权原则将专利的保护范围解释为权利要求字面所限定的范围，这使得专利的保护范围过于狭窄；二是侵权人只需对权利要求所记载的技术方案作些许非实质性改变就可以避免字面侵权。由此可见，字面侵权原则对专利权人的保护非常有限，等同原则应运而生。

等同原则不仅将那些构成字面侵权的技术方案认定为侵权，还将那些并未构成字面侵权，却以与专利技术方案基本相同的技术手段、实现基本相同的功能、达到基本相同的技术效果的技术方案也纳入专利的保护范围，认定构成侵权，这大大加强了对专利权人的保护。

二、等同原则在中国法中的体现

在中国，等同原则在2001年的《最高人民法院关于审理专利纠纷案件适用法律问题的若干规定》中首次被规定。该司法解释第17条规定：

> 专利法第五十六条第一款所称的"发明或者实用新型专利权的保护范围以其权利要求的内容为准，说明书及附图可以用于解释权利要求"，是指专利权的保护范围应当以权利要求书中明确记载的必要技术特征所确定的范围为准，也包括与该必要技术特征相等同的特征所确定的范围。
>
> 等同特征是指与所记载的技术特征以基本相同的手段，实现基本相同的功能，达到基本相同的效果，并且本领域的普通技术

人员无需经过创造性劳动就能够联想到的特征。

同时，2010 年实施的《最高人民法院关于审理侵犯专利权纠纷案件应用法律若干问题的解释》也对与等同原则的适用相关的内容作了规定。该司法解释第 4 条对如何界定功能或效果限定型技术特征的内容作了规定：

> 对于权利要求中以功能或者效果表述的技术特征，人民法院应当结合说明书和附图描述的该功能或者效果的具体实施方式及其等同的实施方式，确定该技术特征的内容。

此外，2010 年司法解释第 7 条又对全面覆盖原则和等同原则的适用作了补充规定：

> 人民法院判定被诉侵权技术方案是否落入专利权的保护范围，应当审查权利人主张的权利要求所记载的全部技术特征。
>
> 被诉侵权技术方案包含与权利要求记载的全部技术特征相同或者等同的技术特征的，人民法院应当认定其落入专利权的保护范围；被诉侵权技术方案的技术特征与权利要求记载的全部技术特征相比，缺少权利要求记载的一个以上的技术特征，或者有一个以上技术特征不相同也不等同的，人民法院应当认定其没有落入专利权的保护范围。

对于最高人民法院关于等同原则的上述司法解释，可以作出如下解读。

1. 等同原则是具体技术特征的等同，而非技术方案的等同

从 2001 年《最高人民法院关于审理专利纠纷案件适用法律问题的若干规定》所规定的"……是指专利权的保护范围应当以权利要求书中明确记载的必要技术特征所确定的范围为准，也包括与该必要技术特征相等同的特征所确定的范围"中可以看出，等同原则的适用对象是权利要求中所明确记载的必要技术特征，而并非权利要求所记载的整个技术方案。

技术特征的等同与技术方案的等同完全不同。一般而言，技术特征的等同进而会使得包括该等同性技术特征的技术方案也出现等同；但是，技术方案的等同却并非意味着技术特征的等同，这是因为，技术方案是由权利要求所记载的全部技术特征所构成，当将权利要求所记载的技术方案中的一个或几个技术特征进行非等同性替换、省略，或者引进其他技术特征时，所形成的新的技术方案与权利要求所记载的技术方案可能会构成等同性技术方案，但这并不意味着其中的技术特征也构成等同性技术特征。由此可见，技术方案的等同相对于技术特征的等同，会给专利提供更广泛的保护，但这样的保护是对专利权人的一种过度保护，会对公众利益造成侵犯。

2. 三个基本相同是等同原则成立的前提条件之一

根据《最高人民法院关于审理专利纠纷案件适用法律问题的若干规定》的规定，等同特征是指"与所记载的技术特征以基本相同的手段，实现基本相同的功能，达到基本相同的效果"的技术特征。可见，等同特征应当是在三个方面基本相同的技术特征，即技术手段基本相同、实现的功能基本相同、达到的效果基本相同。

每一项权利要求记载的是一项完整的技术方案，技术方案本身则由权利要求所记载的全部技术特征组成。每一项技术特征都是整个技术方案的有机组成部分，记载着实现技术方案所要解决的技术问题而采取的技术手段，其为技术问题的解决发挥着各自的功能，并由于可以解决特定的技术问题而产生了相应的技术效果。因此，这里所说的"基本相同的手段""实现基本相同的功能""达到基本相同的效果"都应是放在权利要求所记载的整个技术方案与被控侵权产品或方法中的相应技术方案中来进行考量的，而不应是脱离技术方案、脱离技术方案所要解决的技术问题、脱离技术特征在整个技术方案中的功能与效果来独立进行评价。

3. 本领域的普通技术人员容易想到是等同原则成立的另一前提条件

根据《最高人民法院关于审理专利纠纷案件适用法律问题的若干规定》的规定，当被控侵权产品或方法具有与专利所记载的技术特征以基本相同的手段，实现基本相同的功能，达到基本相同的效果的技术特征时，等同侵权还尚未成立，还需要具备另一个前提条件，即具备该三个基本相同条件的技术特征应当是"本领域的普通技术人员无需经过创造性劳动就能够联想到的特征"。

关于何为本领域的普通技术人员，该司法解释并未进行明确定义。但是，《专利审查指南2010》对与"本领域的普通技术人员"具有相同含义的另一术语"所属技术领域的技术人员"进行了明确定义："所属技术领域的技术人员，也可称为本领域的技术人员，是指一种假设的'人'，假定他知晓申请日或者优先权日之前发明所属技术领域所有的普通技术知识，能够获知该领域中所有的现有技术，并且具有应用该日期之前常规实验手段的能力，但他不具有创造能力。如果所要解决的技术问题能够促使本领域的技术人员在其他技术领域寻找技术手段，他也应具有从该其他技术领域中获知该申请日或优先权日之前的相关现有技术、普通技术知识和常规实验手段的能力。"

由此可见，本领域的普通技术人员是一种法律上的拟制人，其代表本领域技术人员的一般技术水准，通晓本领域的普通技术知识，最为重要的是他不应具有创造能力。而在我国的专利司法实践中，由于法官技术知识的缺失，许多案件都是委托给法院外部的司法鉴定机构来就被控侵权产品或方法是否对专利构成等同进行技术鉴定，而司法鉴定机构为了提高其鉴定结论的可信度，往往会聘请本领域的专家作为鉴定人员来对案件进行技术鉴定。聘请技术专家作为鉴定人员来对案件是否构成等同进行鉴定，是可能存在问题的。这是因为作为所属技术领域具有技术专长的技术专家，其相对于本领域的普通技术人员这一法律拟制人而言，不仅掌握普通技术知识，而且还专攻于本技术领域，具备很强的创造能力，其依据自身的知识储备以及创造能力，在对被控侵权产品或方法是否对专利构成等同进行鉴定时，其专长技术储备以及创造能力往往会发挥潜在的作用，因此，其鉴定结论必然与本领域的普通技术人员这一法律拟制人所作出的鉴定结论存在不同。

因此，在就被控侵权产品或者方法中的有关特征是否为"本领域的普通技术人员无需经过创造性劳动就能够联想到的特征"进行判断时，所述判决是否不基于"本领域的普通技术人员"这样的身份作出的，则显得尤为重要。现实中的法官、技术人员，与"本领域的普通技术人员"这一理想化的法律拟制人都存在或多或少的差异，所以法官、技术人员在进行评案或者鉴定时，应有意从"本领域的普通技术人员"的角度出发进行评述，以确保对等同特征认定的准确。

4. 等同原则的适用受到其他侵权判定、抗辩原则的制约

根据《最高人民法院关于审理侵犯专利权纠纷案件应用法律若干问题的解释》第7条所规定的"人民法院判定被诉侵权技术方案是否落入专利权的保护范围，应当审查权利人主张的权利要求所记载的全部技术特征""被诉侵权技术方案包含与权利要求记载的全部技术特征相同或者等同的技术特征的，人民法院应当认定其落入专利权的保护范围；被诉侵权技术方案的技术特征与权利要求记载的全部技术特征相比，缺少权利要求记载的一个以上的技术特征，或者有一个以上技术特征不相同也不等同的，人民法院应当认定其没有落入专利权的保护范围"内容可知，等同原则的适用要受到"全面覆盖原则"的制约。即只有在被控侵权的产品或方法所具有的技术特征与专利权利要求所记载的技术特征全部相同或者等同的情况

下，侵权才能成立。即使其他技术特征构成相同或者等同，只要缺少技术特征，或者有的技术特征不相同也不等同的，侵权也不能成立。

《最高人民法院关于审理侵犯专利权纠纷案件应用法律若干问题的解释》第6条规定："专利申请人、专利权人在专利授权或者无效宣告程序中，通过对权利要求、说明书的修改或者意见陈述而放弃的技术方案，权利人在侵犯专利权纠纷案件中又将其纳入专利权保护范围的，人民法院不予支持。"由此可见，专利权人在专利授权或确权程序中为了获得授权或者确保权利得到维持有效而放弃的技术方案，不能再通过主张适用等同原则重新纳入专利的保护范围。等同原则的适用也受到"禁止反悔原则"的制约。

此外，《专利法》第62条规定："在专利侵权纠纷中，被控侵权人有证据证明其实施的技术或者设计属于现有技术或者现有设计的，不构成侵犯专利权。"《最高人民法院关于审理侵犯专利权纠纷案件应用法律若干问题的解释》第14条规定："被诉落入专利权保护范围的全部技术特征，与一项现有技术方案中的相应技术特征相同或者无实质性差异的，人民法院应当认定被诉侵权人实施的技术属于专利法第六十二条规定的现有技术。"此两条所规定的就是"现有技术抗辩"，虽然该原则规定的是通过对被控侵权产品或方法与现有技术进行对比来主张侵权抗辩，并未涉及被控侵权产品或方法与专利权利要求所记载的技术特征进行对比，但被控侵权产品或方法与现有技术进行对比的技术特征应当是与专利权利要求所记载的技术特征相应的技术特征，所以在确定该相对应的技术特征的时候还是需要对被控侵权产品或方法与专利权利要求中的技术特征进行对比。此外，现有技术抗辩原则考查的是被控侵权产品或方法的技术方案更接近现有技术，还是更接近专利，目的是防止专利权人将现有技术也纳入其专利的保护范围。由此可见，等同原则的适用也受到现有技术抗辩的制约。

5. 功能性限定技术特征的具体内容要结合具体实施例来确定

《最高人民法院关于审理侵犯专利权纠纷案件应用法律若干问题的解释》第4条规定:"对于权利要求中以功能或者效果表述的技术特征,人民法院应当结合说明书和附图描述的该功能或者效果的具体实施方式及其等同的实施方式,确定该技术特征的内容。"

专利申请人为了使其专利申请获得更大的保护范围,或者在某一技术特征无法用结构特征来限定,或者技术特征用结构特征限定不如用功能特征来限定更为恰当时,往往会使用功能特征来对技术特征进行限定。关于如何界定包含功能性限定技术特征的权利要求的保护范围,一直是争议较大的问题,有的认为应当理解为覆盖了所有能够实现该功能的实施方式,而有的则认为应当将其界定为其说明书所公开的具体实施方式。而从《最高人民法院关于审理侵犯专利权纠纷案件应用法律若干问题的解释》第4条的规定可以看出,其将包含功能性限定技术特征的权利要求的保护范围界定为说明书和附图所描述的该功能的具体实施方式及其等同的实施方式。而这一司法解释,与《专利审查指南2010》第2部分第2章第3.2.1节所规定的"对于权利要求中所包含的功能性限定的技术特征,应当理解为覆盖了所有能够实现所述功能的实施方式"这一内容并不一致。由此可见,关于功能性限制的技术特征,司法部门与专利审查部门在理解上还是有差异的,这需要通过不断的沟通与协调并配之以立法上的完善来解决这一问题。

三、对原告主张适用等同原则的建议

(一) 从便于适用等同原则出发来撰写权利要求并对审查意见进行答复

原告主张适用等同原则能否成功,很大程度上取决于权利要求的质量。在中国，许多国内企业，由于没有运用专利的经验，其在撰写权利要求或者在对审查意见通知书进行答复时，主要是基于快速得到授权这一目的来撰写或者答复，而很少会考虑授权后如何运用专利。这就导致当可以运用专利主张权利时，却发现所授的专利权利要求质量太差，无法达到使用目的。一个专利如果没有使用价值，能否授权也就变得没有实际意义了。因此，有必要将以快速得到授权为目的转变为以使用专利为目的。

为了便于等同原则的适用，在撰写权利要求时，就需要特别考究如何架构权利要求、如何选用技术术语、如何使说明书和权利要求书进行相互配合。在架构权利要求时，只需将为实现发明目的所必需的技术特征写入权利要求即可，避免将非必要技术特征写入权利要求；在对技术用语进行选择时，应尽量使用本技术领域通用的、含义确定、意义宽泛的专业用语，而避免造词或使用僻词；应尽量使用上位概念的技术用语，但前提是可以得到说明书的充分支持，避免出现说明书已经记载但未被纳入权利要求的保护范围，从而导致捐献原则在后续的侵权诉讼中被适用。

在申请人对审查员所发出的审查意见通知书进行答复时，即使未对权利要求进行修改，其答复对后续针对该授权权利要求而进行的等同原则的适用仍会产生实质影响。关于这一点，许多申请人都没有认识。在对新颖性和创造性进行审查时，审查员在其审查意见通知书中通常会指出专利申请如何被对比文件所公开，而申请人在收到这样的审查意见通知书后，为了得到授权，用大量的笔墨、从多个角度来阐述要求保护的权利要求所记载的技术特征与对比文件所公开的技术特征如何不同。殊不知，陈述得越多对权利要求限缩得也就越厉害，尽管权利要求没有被修改，然而此时权利要求的保护范围已经与申请时的保护范围完全不同。因为，申请人在陈述专利申请与现有技术如何不同时，实质上就是将权利要求的保护范围限缩到了其所谓的"不同"上。"不同"越多,对权利要求限缩得也就越厉害。由此可见,对审查意见通知书进行答复时也是要讲究技巧的。

(二)搜集并提交用于支持等同原则适用的必要证据

等同原则实际上是在被控侵权产品或方法对专利并未构成相同侵权的情况下,由原告主张适用的。原告在主张等同侵权时,需要证明被控侵权产品或方法与专利所存在的不同并未构成实质不同。而实践中,多数情况下,原告只是进行书面或者口头论述,很少会拿出具体的证据来佐证。这就给法官在适用等同原则时带来了困难,因为法官作为法律工作者,一般不具备涉案专利所属技术领域的技术常识,在原告举证不足的情况下,法官很难作出比较客观的审判。

在中国,被控侵权产品或方法对原告专利构成等同侵权一般需要满足两方面的条件:(1)"三个基本相同",即手段、功能、效果基本相同;(2)"容易想到",即"三个基本相同"对于本领域的普通技术人员而言容易想得到。对于"三个基本相同",由于手段、功能、效果都是客观技术层面的事物,因此,一般可以通过客观证据加以佐证;而对于"容易想到",由于其主要涉及本领域普通技术人员主观层面的认识,则很难通过客观证据加以证明。

所谓的技术手段,实质就是指被控侵权产品或方法与专利进行等同对比的技术特征所采用的技术手段。技术手段本身是客观存在于被控侵权产品或方法中的,通过对被控侵权产品或方法进行剖析,通过查阅被控侵权产品说明书、结构图、电路图或被控侵权方法的流程图,通过对被控侵权产品进行反向工程等,都能够获知被控侵权产品或方法的技术手段,因此,被控侵权产品本身、产品说明书、结构图、电路图、流程图等都是可以用来证明技术手段的证据。所谓的技术功能与技术效果,并非泛指被控侵权产品或方法的相应技术特征所具有的所有功能和效果,而是指相应的技术特征在解决发明所要解决的技术问题时所体现出来的功能和效果。所谓发明所要解决的技术问题，是指原告主张的权利要求所记载的技术方案本身所要解决的技术问题。因此，原告在主张被控侵权产品或方法中相应的技术特征具有基本相同的功能和效果时，不能盲目地进行主张，而必须结合发明所要解决的技术问题来举证。功能与效果虽然也是客观存在的，但是往往无法直接感知，需要借助外部的技术测试手段、测试仪器等验证。例如，专利权利要求中的某个技术特征具有节约能耗的技术效果，那么在验证被控侵权产品中的相应技术特征也具有同样的技术效果的时，则可以通过借助外部的检测设备对被控侵权产品的能耗性能进行检测，进而通过检测结果进行验证。一般而言，为了使得这些检测结果更客观、更具有证明力，建议委托外部的有公信力的第三方检测机构进行检测并出具检测报告，然后，再将这些报告提供给法院以作为证据使用。

关于"容易想到"，由于其具有很强的主观性，除非能够搜集到明确记载有本领域的普通技术人员基于原告专利而容易想到用被控侵权的产品或方法来实施原告专利这样的直接证据，否则很难进行直接证明。但是，可以考虑请技术专家提供书面证言或者出庭作证，或者独自委托或请法院委托司法鉴定机构进行鉴定进而就"容易想到"进行证明。

（三）善于利用司法技术鉴定程序来引导诉讼程序走向

专利侵权诉讼与其他诉讼很不同的一点是，法官在审理专利侵权诉讼时对事实的认定，不仅是对一般事实的认定，更主要是对技术事实的认定，即被控侵权产品或方法对专利是否构成相同或等同侵权的认定。法官作为专业的法律从业人员，其专长于法律适用，而并不一定具备坚实的技术知识储备。虽然近几年，越来越多的具备理工科背景的法官加入知识产权审判工作，但总体规模还很小，无法应对技术日益复杂、技术领域日益宽泛的专利侵权诉讼。正是在这种背景下，法庭通常会借助外部力量来解决案件中的复杂技术问题，而司法技术鉴定则是被法庭采用的常用途径之一。

除了法律适用问题，专利侵权诉讼案件中几乎所有的技术问题均可考虑委托司法鉴定机构进行鉴定，这其中包括被控侵权产品技术特征的认定、被控侵权产品性能测试、被控侵权产品的特定技术特征是否与专利权利要求的技术特征构成相同或等同、被控侵权产品是否落入专利的保护范围等。需要特别强调的是，许多人认为司法鉴定机构可以就被控侵权产品是否对专利构成侵权进行鉴定，对被控侵权产品是否落入专利保护范围的鉴定就是对被控侵权产品是否对专利构成侵权的认定，这其实是一种误解。对被控侵权产品是否对专利构成侵权的认定，除了包括对技术事实的认定以外，还包括法律适用问题，法律适用是司法审判权的应有之义，是法院的特定职责，这部分职能不能由司法鉴定机构来代为行使。此外，即使是由法院委托的司法鉴定，司法鉴定机构所作出的司法鉴定结论也只有经过法庭质证后才能作为定案的依据，而并非一经司法鉴定机构作出就可以直接成为定案的依据。

司法技术鉴定的启动一般可通过两种途径：一种是当事人单方面委托司法鉴定机构进行，另一种是当事人请求法院或由法院自行决定委托司法鉴定机构进行。但经过这两种途径所形成的司法鉴定结论在诉讼中的作用却是不同的。对于当事人单方面委托的司法鉴定，由于检材的提供、鉴定事项的委托都是由当事人单方来完成的，鉴定会议也是由当事人单方参加的，因此，最终形成的司法鉴定报告即使以证据的形式向法院提交，在法庭质证环节也很容易被对方否定。对于由法院启动的司法鉴定，由于检材的提供、鉴定事项的委托是由法院来完成的，所提供的检材也是经过质证后的证据等，同时鉴定会议一般也是由双方当事人来参加的，在这种情况下，司法鉴定受一方当事人的影响也会相对小一些，最终形成的司法鉴定结论经过质证后被法庭采纳的概率也就更高一些。

由此可见，由法院委托进行的司法技术鉴定所形成的司法鉴定结论被法院最终采纳并成为定案依据的可能性要相对大很多。但是，并不是每个有技术疑难问题的专利侵权诉讼案件法院都会委托外部司法鉴定机构来进行司法技术鉴定，即使当事人在举证期限内向法院提出了请求，法院也并不一定会接受当事人的请求而进行司法技术鉴定。因此，为了防止在提出司法鉴定请求而不被法院接受的情况发生，建议可以自行先行委托进行司法鉴定，然后再视具体情况，决定是否将自行委托的司法鉴定结论提交给法院。

此外，还需要特别强调的是，司法技术鉴定程序不仅可以由原告来利用，被告也可以根据被控侵权产品或方法对原告专利构成侵权的可能性大小、法院可能受原告单方面影响的情况等来合理利用司法技术鉴定程序。

（四）等同侵权证据举证、等同侵权观点主张时机选择

应对专利侵权诉讼是需要讲究技巧的，合理充分地利用现行法律所提供的各种制度安排对于案件的走向以及最终的诉讼结果都会产生影响。对于原告而言，何时提交等同侵权证据、何时提出等同侵权主张也是需要认真考虑的问题。

在中国，起诉一般只需要满足四方面的条件，即原告是与本案有直接利害关系的公民、法人和其他组织；有明确的被告；有具体的诉讼请求和事实、理由；属于人民法院受理民事诉讼的范围和受诉人民法院管辖。而具体到专利侵权诉讼，原告在起诉的时候，只需要向法院明确具体的被告，明确被告有具体的侵权行为并附具相关证据如涉案侵权产品等，其起诉一般就能够被法院受理，而无需主张被告对原告的专利构成等同侵权并提交相应的证据。

一般而言，证明被告对原告的专利构成等同侵权的证据最好能够

在法院指定的举证期限内进行提交,这样,相关证据在随后的质证环节经过质证后,可被法院认可并可作为定案的依据。而关于原告应在何时向法院主张被告对原告专利构成等同侵权,笔者认为提出主张的时间越晚越好,这是因为,如果过早地提出主张的话,就会给被告应对原告进行等同侵权主张的机会,而在未明确告知被告该项主张的时候,被告只通过研究原告提交的相应证据,一般是较难获知原告是通过哪个具体的技术细节来提出等同侵权主张的。所以,如果可能的话,原告最好在开庭时主张,这样,被告就很难进行很好的抗辩主张了。

专利诉讼中专业技术问题的确认途径

专利诉讼尤其是专利侵权诉讼与其他民事诉讼的最大不同之处，就在于案件的争议焦点中有许多专业技术问题，人民法院只有查明与该专业技术问题相关的技术事实后，才能准确适用法律，而通常的证据调查方式又难以对这些专业技术问题进行确认，同时，由于审理案件的法官更多的是法律专家，通常不一定具备相应的技术知识储备，其专长于法律适用，但很难仅凭自身之力对专业的技术问题进行确认。因此，审理案件的法官需要借助外部力量协助其就专业技术问题加以确认。

随着专利诉讼案件数量的与日俱增以及涉及专业技术问题的复杂化，人民法院已经开始尝试通过不同的方式来就涉及专业技术问题的案件事实进行确认。在实践中，人民法院通常主动采取的方式有邀请具有技术背景的人民陪审员参与案件审理、由具有技术背景的审判员组成合议庭以及通过咨询外部专家获取专家咨询意见等。

邀请具有技术背景的人民陪审员参与案件审理是人民法院在审理专利诉讼案件时最常使用的方式之一。例如，北京地区的一些法院经常会邀请国家知识产权局专利局或者专利复审委员会的一些审查员作为人民陪审员来参与案件审理。在这种情况下，受邀请的人民陪审员是作为合议庭的组成人员出现的，其在案件审理过程中，与其他审判人员具有相同的权利。但在实践中，受邀请的人民陪审员在案件审理过程中的作用往往也仅局限于对案件技术事实的确认上。

随着人民法院对专利诉讼案件的重视，近几年，人民法院逐渐加大对具有技术背景的审判人员的录用力度，使更多的具有技术背景的审判人员作为合议组组成人员加入专利案件的审理过程中。同时，一些人民法院也开始尝试新的审判模式。例如，北京市第二中级人民法院首创并在实践中应用了"三人技术组、五人合议庭"的审判新模式。这种新模式是由5名合议组成员组成合议庭，其中有3名合议组成员具备专业技术背景，而这3名具有专业技术背景的合议组成员则是由法院的自有审判人员组成或者由法院自有审判人员和聘请的人民陪审员组成。这种新的审判模式无疑可以更加确保对专利诉讼案件的公正审理。

此外，人民法院有时还会通过咨询技术专家的方式来解决审理案件所涉及的技术问题，而这种方式存在一定的局限性。这是因为人民法院在采取这种方式的时候往往是背对案件当事人进行咨询的，由于技术专家并未参与或旁听案件的审理，其对案件事实的了解也并不全面。在这种情况下，技术专家向法院提供的咨询意见可能会存在一定的缺陷。虽然这样的咨询意见并不能作为定案依据，但无疑会对法官产生一定影响，并进而影响案件的判决。

上面提及的几种方式，是人民法院根据审理案件的实际需要自己来决定是否采用以及具体采用哪种方式，而案件的当事人则无法就此对法院产生影响。从案件当事人的角度，其往往希望可以通过其他方式来协助法官就案件涉及的专业技术问题进行确认。实践中，最常被当事人采用的方式包括申请司法鉴定以及邀请具有专门知识的人员出庭就专门性问题进行说明。

一、专利诉讼中的司法鉴定

（一）司法鉴定的定义及其证据力

司法鉴定是指在诉讼活动中鉴定人运用科学技术或者专门知识对诉讼涉及的专门性问题进行鉴别和判断并提供鉴定意见的活动。相较于其他民事案件，司法鉴定在专利诉讼案件中的应用要广泛得多，以至于有不少案件最终就是完全依据司法鉴定结论来进行判决的。

《民事诉讼法》第72条第1款规定："人民法院对专门性问题认为需要鉴定的，应当交由法定鉴定部门鉴定；没有法定鉴定部门的，由人民法院指定的鉴定部门鉴定。"

《民事诉讼法》第63条规定"证据有下列几种：……（六）鉴定结论"。

同时，《最高人民法院关于适用〈中华人民共和国民事诉讼法〉若干问题的意见》第73条规定："依照民事诉讼法第六十四条第二款规定，由人民法院负责调查收集的证据包括：……（2）人民法院认为需要鉴定、勘验的……"

由此可见，人民法院在认为需要鉴定的时候，应当将案件交由鉴定部门鉴定。而且在此种情况下，人民法院委托进行司法鉴定的行为属于人民法院调查收集证据的行为，司法鉴定部门依人民法院委托所作出的司法鉴定结论属于人民法院调取的证据。

《最高人民法院关于民事诉讼证据的若干规定》第71条规定："人民法院委托鉴定部门作出的鉴定结论，当事人没有足以反驳的相反证据和理由的，可以认定其证明力。"

《最高人民法院关于民事诉讼证据的若干规定》第77条规定：

人民法院就数个证据对同一事实的证明力，可以依照下列原则认定：

（一）国家机关、社会团体依职权制作的公文书证的证明力一般大于其他书证；

（二）物证、档案、鉴定结论、勘验笔录或者经过公证、登记的书证，其证明力一般大于其他书证、视听资料和证人证言……

由《最高人民法院关于民事诉讼证据的若干规定》第71条和第77条的规定可知，对于由人民法院委托的司法鉴定，其鉴定结论一般均具有证明力，除非该司法鉴定结论被案件当事人所提供的其他相反证据或理由所反驳掉；此外，司法鉴定结论的证明力也相对较强，其证明力仅次于公证书，与物证、档案等证据的证明力处于同一级别，同时，又强于一般书证、证人证言等。由此可见，司法鉴定的证明力在整个证据体系中的证明力要相对较强，对专利诉讼案件的最终结果具有一定的决定作用。

（二）司法鉴定的启动方式

《民事诉讼法》第72条第1款规定："人民法院对专门性问题认为需要鉴定的，应当交由法定鉴定部门鉴定；没有法定鉴定部门的，由人民法院指定的鉴定部门鉴定。"

《最高人民法院关于民事诉讼证据的若干规定》第25条第1款规定："当事人申请鉴定，应当在举证期限内提出。符合本规定第二十七条规定的情形，当事人申请重新鉴定的除外。"

《最高人民法院关于民事诉讼证据的若干规定》第26条规定："当事人申请鉴定经人民法院同意后，由双方当事人协商确定有鉴定资格的鉴定机构、鉴定人员，协商不成的，由人民法院指定。"

《最高人民法院关于民事诉讼证据的若干规定》第28条规定："一方当事人自行委托有关部门作出的鉴定结论，另一方当事人有证据足以反驳并申请重新鉴定的，人民法院应予准许。"

通过对上述几条法律和司法解释规定的分析，可以发现，司法鉴定的启动方式大致可分为两种：（1）通过人民法院来启动；（2）由案件当事人自行启动。由人民法院启动的司法鉴定又可以细分为两种：（1）对专门性问题人民法院认为需要鉴定的情况下，由人民法院依职权来自行启动司法鉴定程序；（2）负有举证责任的当事人在举证期限内申请人民法院进行司法鉴定，人民法院对当事人的申请进行审核后同意的，由人民法院来委托司法鉴定机构进行鉴定。由人民法院来启动的司法鉴定中，大部分的情况都是经当事人的申请由人民法院来启动的。

(三) 司法鉴定的注意事项

1. 司法鉴定程序的启动

前面已经提到，在诉讼程序中，司法鉴定的启动可以通过两种方式进行启动。但具体到专利诉讼尤其是专利侵权诉讼中，作为案件的当事人应该如何启动司法鉴定程序，则是需要结合案件具体情况考虑的首要问题。

关于由人民法院启动以及由当事人自行启动的司法鉴定而形成的司法鉴定结论的证明力哪个较强哪个较弱的问题，法律没有给出明确的规定。但是，《最高人民法院关于民事诉讼证据的若干规定》第71条规定，"人民法院委托鉴定部门作出的鉴定结论，当事人没有足以反驳的相反证据和理由的，可以认定其证明力"。同时，该司法解释第28条规定，"一方当事人自行委托有关部门作出的鉴定结论，另一方当事人有证据足以反驳并申请重新鉴定的，人民法院应予准许"。由此可见，不管是人民法院启动的司法鉴定，还是由当事人自行启动的司法鉴定，只要在当事人有足以反驳的证据的情况下，该司法鉴定结论就面临着不具备证明力或者重新进行鉴定的问题。

在专利诉讼实践中，由人民法院启动的司法鉴定结论的证明力往往要强于一方当事人自行委托的司法鉴定结论。这一方面，是由于由人民法院启动的司法鉴定，一般委托的是双方当事人都认可的司法鉴定机构或者人民法院指定的司法鉴定机构，司法鉴定机构进行司法鉴定活动接受人民法院的监督而不是案件当事人的监督；另一方面，由人民法院启动的司法鉴定所使用的鉴定材料是由人民法院提供的，这些鉴定材料一般都是经过案件双方当事人质证过的证据，依据这些鉴定材料所形成的司法鉴定结论也相应地具备更强的证明力；再者就是，由当事人启动的司法鉴定，由于委托方是一方当事人，司法鉴定结论很容易受其影响而作出有利于其的司法鉴定结论。

由此可见，当事人在能够请求人民法院启动司法鉴定程序的，还是最好由人民法院来启动该程序。《最高人民法院关于民事诉讼证据的若干规定》第25条第1款规定，"当事人申请鉴定，应当在举证期限内提出。符合本规定第二十七条规定的情形，当事人申请重新鉴定的除外"，该条第2款进一步规定，"对需要鉴定的事项负有举证责任的当事人，在人民法院指定的期限内无正当理由不提出鉴定申请或者不预交鉴定费用或者拒不提供相关材料，致使对案件争议的事实无法通过鉴定结论予以认定的，应当对该事实承担举证不能的法律后果"。

根据上述司法解释的规定，申请由人民法院来启动司法鉴定程序的，需要由负有举证责任的一方当事人在举证责任期限内提出鉴定申请。但是当事人未在举证责任期限内提出申请的，也并非因此丧失申请鉴定的机会。在这种情况下，如果人民法院认为确有必要进行鉴定，会向当事人行使释明权，解释举证责任与法律后果，要求其在指定期限内提出鉴定申请。因此，负有举证责任的一方当事人可以在人民法院指定的期限内提出鉴定申请并准备鉴定费用、鉴定材料等。

但是，专利诉讼实践表明，并非所有在举证期限内提出的司法鉴定申请都会被人民法院同意。例如，有些案件人民法院通过邀请具有技术背景的人民陪审员来参与案件审理的方式来解决技术问题，或者人民法院认为当事人申请司法鉴定是有意在拖延程序，那么在这种情况下，人民法院可能就会不同意当事人的鉴定申请。

为了防止出现向人民法院申请鉴定不被批准，从而使得负有举证责任的一方当事人因举证不能而可能承担不利后果，笔者建议，在这种情况下，负有举证责任的一方当事人可以事先自行启动司法鉴定，同时，一并向人民法院提出鉴定申请，这样即使鉴定申请没有被人民法院批准，由于事先已经自行启动了司法鉴定程序，可以将自行启动的司法鉴定所作出的鉴定结论作为证据提交给人民法院，从而防止因提出鉴定申请未被批准致使无法举证的问题。

一方当事人自行启动司法鉴定程序而形成的司法鉴定结论，更容易受到另一方当事人的反驳。对此，《最高人民法院关于民事诉讼证据的若干规定》第28条规定："一方当事人自行委托有关部门作出的鉴定结论，另一方当事人有证据足以反驳并申请重新鉴定的，人民法院应予准许。"依此司法解释，对于由一方当事人自行启动的司法鉴定程序而形成的司法鉴定结论，在"另一方当事人有证据足以反驳并申请重新鉴定的"情况下，人民法院应会准许重新鉴定，此时，应当由人民法院来启动重新鉴定程序。由此可见，一方当事人自行启动的司法鉴定形成的结论也有可能会导致人民法院对鉴定程序的启动，这对希望通过司法鉴定来进行举证的当事人而言，应当是有利的。

综上所述，就司法鉴定程序启动方面，专利诉讼被告应当在答辩期内向案件受理法院提出司法鉴定申请，同时，为了防止该鉴定申请不被法院所同意，可以同时另行自行启动司法鉴定，然后在获得司法鉴定结论后，将其作为证据提交给法院。

2. 司法鉴定机构与鉴定人的选择

关于司法鉴定机构与鉴定人的选择问题，《最高人民法院关于民事诉讼证据的若干规定》第26条规定："当事人申请鉴定经人民法院同意后，由双方当事人协商确定有鉴定资格的鉴定机构、鉴定人员，协商不成的，由人民法院指定。"由此可见，在鉴定申请经人民法院同意后，当事人既可以协调确定鉴定机构，又可以协商确定鉴定机构中的鉴定人员，对于当事人协商不成的情况，则由人民法院直接进行指定。

在实践中，专利诉讼的双方当事人都希望选择对自己有利的司法鉴定机构，例如，选择有地缘优势或者有人脉关系的司法鉴定机构，但另一方当事人又往往不同意委托该方当事人所希望选择的司法鉴定机构。诉讼当事人一般很难就司法鉴定机构的选择达成一致合意，从而使得许多案件最终都是由人民法院来进行指定。

在人民法院指定司法鉴定机构的情况下，如果被指定的司法鉴定机构明显对一方当事人有利，则另一方当事人可以通过异议的方式申请人民法院另行指定。当事人可以通过分析确认该被指定的司法鉴定机构是否存在有违法律或者司法解释的有关规定的情况。例如，《司法鉴定程序通则》第16条规定："具有下列情形之一的鉴定委托，司法鉴定机构不得受理：（一）委托事项超出本机构司法鉴定业务范围的……（五）鉴定要求超出本机构技术条件和鉴定能力的……"同时，《最高人民法院关于民事诉讼证据的若干规定》第27条也规定："当事人对人民法院委托的鉴定部门作出的鉴定结论有异议申请重新鉴定，提出证据证明存在下列情形之一的，人民法院应予准许：（一）鉴定机构或者鉴定人员不具备相关的鉴定资格的……"如果当事人通过分析认为，被指定的司法鉴定机构存在上述规定的情形，那么就可以以此为理由申请人民法院重新指定。

在司法鉴定机构被确定后，诉讼当事人就需要在该司法鉴定机构所提供的鉴定人名录中选择鉴定人。在选择鉴定人时，一定要结合委托的鉴定事项来选择。如果委托的鉴定事项是判定被控侵权产品的某个技术特征是否与涉案专利中的某个技术特征相同或等同，或者判定被控侵权产品是否落入涉案专利的保护范围时，由于这些委托事项均涉及对涉案专利保护范围的解读，不具备任何专利背景的纯粹技术专家由于其对专利法中的"相同侵权""等同侵权"等专利侵权判定理论不了解，其容易对涉案专利的保护范围作出错误的解读，因此，对于此类鉴定事项最好委托那些具备相关技术背景的专利代理人或者专利律师。然而，如果委托的鉴定事项是被控侵权产品的工作流程、性能指标等纯粹的技术问题，那么此种情况下应优先选择技术过硬的技术专家。

在当事人无法就鉴定人的选择达成合意而由人民法院指定的情况下，如果该指定仍不符合当事人的预期，那么，当事人仍可通过异议来请求人民法院进行重新指定。例如，如果被指定的鉴定人具有《最高人民法院关于民事诉讼证据的若干规定》第27条所规定的"不具备相关的鉴定资格"的情况，或者具有《司法鉴定程序通则》第20条所规定的"应当回避"的情况时，当事人可以向人民法院请求重新指定鉴定人。

3. 鉴定事项与鉴定材料的确定

关于鉴定事项与鉴定材料，相关的法律法规如《司法鉴定程序通则》进行了一些规定，该通则第12条规定：

> 司法鉴定机构接受鉴定委托，应当要求委托人出具鉴定委托书，提供委托人的身份证明，并提供委托鉴定事项所需的鉴定材料。委托人委托他人代理的，应当要求出具委托书。
>
> 本通则所指鉴定材料包括检材和鉴定资料。检材是指与鉴定事项有关的生物检材和非生物检材；鉴定资料是指存在于各种载体上与鉴定事项有关的记录。
>
> 鉴定委托书应当载明委托人的名称或者姓名、拟委托的司法鉴定机构的名称、委托鉴定的事项、鉴定事项的用途以及鉴定要求等内容。
>
> 委托鉴定事项属于重新鉴定的，应当在委托书中注明。

同时，该通则第13条第1款规定：

> 委托人应当向司法鉴定机构提供真实、完整、充分的鉴定材料，并对鉴定材料的真实性、合法性负责。

由此可见，在向司法鉴定机构委托司法鉴定时，需要指定鉴定事项并移交鉴定材料。在由人民法院启动的司法鉴定程序中，人民法院一般都是首先要求当事人提交鉴定事项，然后再依据当事人提交的鉴定事项进行最终确定。为了使最终的鉴定结论有利于己方,当事人在提交鉴定事项时,应当首先分析一下什么样的鉴定结论有利于自己,这样的鉴定结论需要由哪些鉴定事项来推导或者证明,然后再确定需要提交的鉴定事项。在专利侵权诉讼中,如果鉴定事项是对被控侵权产品的某些特征、性能等进行测试、验证,而这些鉴定需要依据特定的仪器或者方法,那么,当事人在提交鉴定事项的同时,最好对这些特定的仪器或者方法进行特别说明,以便于鉴定机构开展鉴定。

由《司法鉴定程序通则》第13条的规定可知,向司法鉴定机构提供的鉴定材料应当符合证据三性的要求,即应当具备真实性、合法性和关联性。因为,只有鉴定材料符合证据三性的要求,依据这些鉴定材料作出的司法鉴定结论才容易被认可。因此,在当事人自行启动鉴定程序的时候,要特别注意对鉴定材料的选择,应优先选择已经向法院提交或者将要提交的、来源合法、客观真实、与案件关联紧密的证据;当鉴定程序由人民法院启动时,则需要特别留意人民法院移交给鉴定机构的鉴定材料是否经过了双方当事人的质证,未经质证的,要及时向法院进行提示。

4. 司法鉴定结论的质证

司法鉴定机构作出的司法鉴定结论,只有经过当事人的质证后,才具有证明力并可成为定案的依据。对司法鉴定结论进行质证的方式有:人民法院组织当事人进行书面质证,并由司法鉴定机构对当事人的质证进行答复;或者由人民法院要求司法鉴定机构指派鉴定人出庭接受当事人的质证。但从实践情况来看,鉴定人很少会出庭接受当面质证,以书面方式进行质证的方式较为常见。

当事人收到司法鉴定结论后,应当认真分析,并判断该鉴定结论对其是否有利。如果对其不利,该当事人就需要分析是否存在补充鉴定、重新鉴定或者否定该鉴定结论的可能性。《最高人民法院关于民事诉讼证据的若干规定》第27条规定：

当事人对人民法院委托的鉴定部门作出的鉴定结论有异议申请重新鉴定，提出证据证明存在下列情形之一的，人民法院应予准许：

（一）鉴定机构或者鉴定人员不具备相关的鉴定资格的；

（二）鉴定程序严重违法的；

（三）鉴定结论明显依据不足的；

（四）经过质证认定不能作为证据使用的其他情形。

对有缺陷的鉴定结论，可以通过补充鉴定、重新质证或者补充质证等方法解决的，不予重新鉴定。

虽然，该条对司法鉴定结论不予认可的情况规定了4种情形，但是最后一种情形"经过质证认定不能作为证据使用的其他情形"却是一个兜底条款，其可以引申出其他情形。对此，《上海市高级人民法院民三庭：关于知识产权民事诉讼中涉及司法鉴定若干问题的解答》中有所体现。该解答在回答"在什么情况下，需要重新委托鉴定？"这一问题时，认为：

依据《最高人民法院关于民事诉讼证据的若干规定》第二十七条规定，结合知识产权民事诉讼的实际情况，当事人有证据证明存在下列情形之一的，人民法院应当重新委托司法鉴定：

（1）鉴定人不具备相关鉴定资格；

（2）鉴定程序不符合法律规定；

（3）鉴定结论的依据明显不足；

（4）鉴定材料虚假，或者原鉴定方法有缺陷，原鉴定机构拒绝补充鉴定或者不适宜进行补充鉴定；

（5）鉴定人应当回避没有回避，而当事人又对鉴定结论持有不同意见的；

（6）同一案件所涉专门性问题具有多个不同鉴定结论，无法依据现有鉴定结论作出判决；

（7）一方当事人自行委托有关部门作出的鉴定结论，另一方当事人有证据足以反驳并申请重新鉴定的；

（8）经过质证认定不能作为证据使用的其他情形。

因此，对于认为司法鉴定对其不利的当事人而言，可以参照《上海市高级人民法院民三庭：关于知识产权民事诉讼中涉及司法鉴定若干问题的解答》来确定该司法鉴定结论是否存在该解答所列举的上述几种情况。若存在，则可依此请求人民法院重新鉴定。

二、关于专利诉讼中具有专门知识的人员的说明

《最高人民法院关于民事诉讼证据的若干规定》第61条规定：

当事人可以向人民法院申请由一至二名具有专门知识的人员出庭就案件的专门性问题进行说明。人民法院准许其申请的，有关费用由提出申请的当事人负担。

审判人员和当事人可以对出庭的具有专门知识的人员进行询问。

经人民法院准许，可以由当事人各自申请的具有专门知识的人员就有案件中的问题进行对质。

具有专门知识的人员可以对鉴定人进行询问。

该条首次确认了专家辅助人制度，是对我国民事诉讼法中的有关证据制度规定的重大突破。关于专家辅助人的地位，理论界与实务界尚存争论。有人认为，专家辅助人就是证人，但有人反对这种观点。专家辅助人与普通证人还是存在一定区别的，主要体现在：普通证人是基于对案件事实的了解而成为证人，其作用是向法庭客观陈述其亲身感知的事实；而专家辅助人则是根据其所掌握的专业知识、技能和实践经验对案件的争议问题向法庭进行说明。

专家辅助人在专利诉讼中的作用主要体现在如下几方面：

（1）受当事人的委托，就案件涉及的专门性问题进行说明，以帮助当事人、其他诉讼参与人和法庭对这些专门性问题正确理解、澄清不当认识。

（2）由各方当事人聘请的专家辅助人就有关案件的专门性问题进行对质。

（3）询问司法鉴定人。司法鉴定机构作出的司法鉴定结论需要经过案件当事人的质证后才可以作为证据使用。若司法鉴定人以出庭的方式接受案件当事人质证，则案件当事人可向法院申请专家辅助人出庭向司法鉴定人就专门性问题进行询问，以此来帮助案件当事人进行质证、帮助法院来理解专门性问题。

虽然专家辅助人在民事诉讼中的地位尚存争议，但是专家辅助人制度在专利诉讼中已经得到了广泛应用。对于专利诉讼当事人而言，应当充分利用这一制度来支持自己的主张，对此，建议如下：

（1）聘请专家辅助人时，应当尽量聘请与所要说明的专门性问题相关行业的行业专家，而且从实践情况来看，所聘请的行业专家越有实力、越出名，其对法官的影响也就越明显。

（2）申请专家辅助人出庭就专门性问题进行说明的，虽然相关法律及司法解释并未就此类申请提出的时间作出规定，但从实践情况来看，一般需要当事人在法庭开庭以前向法院提出正式书面申请。

（3）当事人向法院提出申请时，应当就专家辅助人的个人基本情况、专业技术领域、专业能力等信息作出充分的说明，以方便法院进行审查并准许。

（4）专家辅助人虽然擅长于专门性技术问题的解答，但是在专利诉讼案件尤其是专利侵权诉讼案件中，与专门性技术问题一并存在的还有一些专利相关的问题，而专家辅助人对这些问题可能是并不了解的。因此，当事人在开庭以前，需要就相关的专利问题向专利辅助人进行说明，以防其由于对相关专利知识不了解而作出不恰当的说明。

专利侵权诉讼中的抗辩事由及其适用

专利权是一种垄断权,拥有专利权的专利权人享有在授权国或授权地区范围内排他使用该专利的权利。但是,专利权人在行使其排他权利时,也并非毫无限制,法律也规定了相关的抗辩事由,在具备这些抗辩事由的情形下,相关社会公众可以依此对专利权人行使其权利的行为进行抗辩。抗辩事由的规定,意在使专利权人的利益与社会公众的利益达到一种平衡,从而使得专利权人在行使垄断权利的时候不能对社会公众的合理利益构成侵犯。

针对专利权人行使其专利权的行为,中国的《专利法》及相关的司法解释规定了许多抗辩事由。这些抗辩事由有:非基于生产经营目的的实施的抗辩、权利用尽抗辩、先用权抗辩、现有技术抗辩、禁止反悔抗辩、科研及实验目的抗辩、合法来源抗辩、医药行政审批抗辩、临时过境抗辩、不构成相同或等同侵权抗辩等。

虽然《专利法》及相关的司法解释规定的抗辩事由较多,但在专利侵权诉讼实践中,使用频率较多的有不构成相同或等同侵权抗辩、禁止反悔抗辩、现有技术抗辩、合法来源抗辩等。本书用专门章节就专利侵权诉讼中等同原则和禁止反悔原则及其适用进行了说明,在此不再赘述。本章主要就现有技术抗辩、合法来源抗辩、权利用尽抗辩及其适用进行说明。

一、现有技术抗辩事由及其适用

2008年修订的《专利法》第62条规定:"在专利侵权纠纷中,被控侵权人有证据证明其实施的技术或者设计属于现有技术或者现有设计的，不构成侵犯专利权。"这就是在专利侵权诉讼实践中被广泛适用的现有技术和现有设计抗辩，该抗辩事由也是首次在2008年修订的《专利法》中予以明确规定，自此，对该抗辩事由的适用有了明确的法定依据。

关于在现行法律制度中设置现有技术抗辩的原因，理论与实践界一直存在争议。有人认为，专利审查制度是存在一定缺陷的，负责审查专利申请的审查员有时并不能检索到可以阻止专利申请被授权的现有技术，从而导致专利申请在不应授权的情况下被授权，而专利权人在使用该专利主张权利时，如果要求被主张人必须通过专利无效宣告程序将该专利无效掉则存在着浪费程序之嫌，法律应当允许被主张人直接以使用的是专利申请日以前已经公开的现有技术来对专利权人的主张进行抗辩。而有人则认为，现有技术抗辩以涉案专利的有效为前提，设置该制度的目的是防止专利权人将本属于申请日以前的已有技术纳入其专利的保护范围之内。不管上述观点孰对孰错，确保公众使用现有技术的权利得以及时实现是设置现有技术抗辩制度的根本目的。

（一）可进行现有技术抗辩的技术范围

顾名思义，专利侵权诉讼中的当事人主张现有技术抗辩时所使用的技术应当是现有技术。关于"现有技术"，2008年修订的《专利法》第22条第5款规定："本法所称现有技术，是指申请日以前在国内外为公众所知的技术。"同时，《专利审查指南2010》第2部分第3章第2.1节规定，"现有技术包括在申请日（有优先权的，指优先权日）以前在国内外出版物上公开发表、在国内外公开使用或者以其他方式为公众所知的技术"，"现有技术应当是在申请日以前公众能够得知的技术内容"，"换句话说，现有技术应当在申请日以前处于能够为公众获得的状态，并包含有能够使公众从中得知实质性技术知识的内容"。

由此可见，只要是在专利申请日以前处于能够为公众获得的状态的技术知识，无论其是以出版方式进行的公开，还是以使用或其他方式公开，同时，也不论其是在国内进行的公开还是在国外进行的公开，都可以作为主张现有技术抗辩的依据。

在选择主张现有技术抗辩的技术内容时，还应当注意以下几点：

（1）用来评价专利新颖性的抵触申请资料不能用于主张现有技术抗辩。所谓的"抵触申请"是指在涉案专利申请日以前向国务院专利行政部门提出过申请，并记载在申请日以后公布的专利申请文件或者公告的专利文件中的专利申请。由于抵触申请的公开日期晚于涉案专利的申请日，因此，其不符合现有技术的定义，不可以依其进行现有技术抗辩。

（2）用于主张现有技术抗辩的现有技术并不一定是自由公知技术。现有技术一般可以分为两类：一类是社会公众可以自由使用的自由技术；另一类是社会公众不能自由使用、由他人拥有的专利技术。由于现有技术抗辩对抗的是特定专利权人主张其专利权的行为，对抗的是专属于特定权利人的请求权。因此，用来主张现有技术抗辩的技术不应仅限于自由现有技术，对于由他人拥有的专利技术亦可以拿来进行主张。

（3）对于从非公开渠道获得的技术要分情况予以区别对待。如果从非公开渠道获取技术时，当事人之间有书面约定或者口头约定需要进行保密，则这样的技术不属于现有技术。如果在获取技术时，虽然当事人之间没有对是否需要保密进行约定，但是依据交易习惯或者社会观念需要进行保密的，则这样的技术也不属于现有技术，不能用来主张现有技术抗辩。

（二）现有技术抗辩的对比方式

在当事人主张现有技术抗辩后，人民法院在现有技术、被控侵权技术、专利技术三者之间应该如何进行对比。对此，最高人民法院在《最高人民法院民事审判第三庭关于王川与合肥继初贸易有限责任公司等专利侵权纠纷案的函》中认为：

> 不论神电公司技术与王川专利是否相同，在神电公司提出公知公用技术抗辩事由的情况下，只有在将神电公司技术与公知公用技术进行对比得出否定性结论以后，才能将神电公司技术与王川专利进行异同比较。在将神电公司技术与公知公用技术进行对比时，不仅要比较神电公司技术中有关必要技术特征是否已为对比文件所全部披露，而且在二者有关技术特征有不同的情况下，还要看这种不同是否属于本质的不同，即有关技术特征的替换是否是显而易见的。只有经过这样的对比，得出二者有本质不同以后，才能否定神电公司的该抗辩理由。

由此可见，在对现有技术、被控侵权技术、专利技术三者之间进行对比时，人民法院应当首先将被控侵权技术与现有技术进行对比，以确定现有技术抗辩主张是否成立。只有在现有技术抗辩主张不成立的前提下，人民法院才可以在被控侵权技术与专利技术之间进行侵权对比。

此外，在将现有技术与被控侵权技术进行对比时，应当采用类似于评价专利新颖性时的单独对比方式，而不能采用类似于评价专利创造性时的组合对比方式。同时，亦不能将现有技术与公知技术常识进行结合来主张现有技术抗辩，因为，将现有技术与公知技术常识进行结合的方式已经相当于在评价专利创造性时的组合对比方式。

（三）现有技术抗辩的成立的条件

对于当事人所主张的现有技术抗辩在什么条件下才可以成立，对此，《最高人民法院关于审理侵犯专利权纠纷案件应用法律若干问题的解释》第14条第1款规定："被诉落入专利权保护范围的全部技术特征，与一项现有技术方案中的相应技术特征相同或者无实质性差异的，人民法院应当认定被诉侵权人实施的技术属于专利法第六十二条规定的现有技术。"

由此可见，现有技术抗辩成立的条件是：被诉落入专利权保护范围的全部技术特征，与一项现有技术方案中的相应技术特征相同或者无实质性差异的。"无实质性差异"是与专利相关的法规、司法解释中首次使用的法律术语，关于其具体含义、其与在评价被控侵权技术是否对专利构成侵权时所使用的"等同"有何区别，相关法律和司法解释并未给予明确解释。但从这一制度的立法目的来看，"无实质性差异"的含义应当是介于"相同"与"等同"的概念之间的。

二、合法来源抗辩事由及其适用

关于专利侵权诉讼中的合法来源抗辩，2008年修订的《专利法》第70条对此作出了规定，该条规定："为生产经营目的使用、许诺销售或者销售不知道是未经专利权人许可而制造并售出的专利侵权产品，能证明该产品合法来源的，不承担赔偿责任。"

在专利侵权诉讼实践中，专利权人为了在对其有利的法院对被告提起诉讼，往往将在诉讼地有销售被控侵权产品行为的销售商也列为被告进行共同起诉，从而实现在诉讼地对不在诉讼地的真正被告进行起诉的目的。作为被共同起诉的该销售商而言，则可以通过主张合理来源抗辩请求免除赔偿责任。

（一）可主张合法来源抗辩的具体侵权行为

对于专利侵权诉讼中的被告的何种被控侵权行为可主张合理来源抗辩，《专利法》第70条规定的是"使用、许诺销售或者销售""专利侵权产品"的行为。

首先，主张合理来源抗辩的具体侵权行为应当是使用、许诺销售或者销售"侵犯专利权的产品"的行为。关于何为"侵犯专利权的产品"或"专利侵权产品"，则依专利类型不同而不同。对于产品专利而言，应当是落入产品专利保护范围的产品；而对于方法专利而言，则应当是依专利方法直接获得的产品。

其次，主张合理来源抗辩的具体侵权行为应当是对专利侵权产品进行"使用、许诺销售或者销售"的行为。在专利侵权诉讼实践中，许多案件的被告所生产的被控侵权产品整体并未直接对涉案专利构成侵权，而是该被控侵权产品中的一部分或其中部件对涉案专利构成的侵权。然而，该部分或部件并非由被告所生产的，而是由第三方生产并销售给该被告，被告针对该直接侵权部分或部件所进行的只是组装行为，那么，被告的这种组装侵权产品的行为应该如何认定，被告能否主张合法来源抗辩。对此，《最高人民法院关于审理侵犯专利权纠纷案件应用法律若干问题的解释》第12条第1款、第2款规定：

> 将侵犯发明或者实用新型专利权的产品作为零部件，制造另一产品的，人民法院应当认定属于专利法第十一条规定的使用行为；销售该另一产品的，人民法院应当认定属于专利法第十一条规定的销售行为。
>
> 将侵犯外观设计专利权的产品作为零部件，制造另一产品并销售的，人民法院应当认定属于专利法第十一条规定的销售行为，但侵犯外观设计专利权的产品在该另一产品中仅具有技术功能的除外。

对于上述两者，该司法解释第13条又规定：

> 对于使用专利方法获得的原始产品，人民法院应当认定为专利法第十一条规定的依照专利方法直接获得的产品。
>
> 对于将上述原始产品进一步加工、处理而获得后续产品的行为，人民法院应当认定属于专利法第十一条规定的使用依照该专利方法直接获得的产品。

由此可见，组装侵犯发明或者实用新型专利权的产品的行为其实是专利法上的使用行为；组装并销售侵犯外观设计专利权的产品的行为其实是专利法上的销售行为。因此,对于专利侵权诉讼中的被告,即使其被指控的行为是生产侵权产品的行为,其仍有可能视情况来主张合法来源抗辩。

(二) 合法来源抗辩成立的条件:证明产品来源合法

通过《专利法》第70条的规定可知,为生产经营目的使用、许诺销售或者销售不知道是未经专利权人许可而制造并售出的专利侵权产品的行为,不承担赔偿责任的前提是:能证明该产品合法来源。

合法来源证明是合法来源抗辩成立的先决条件。合法来源证明,不仅需要证明其使用、许诺销售或者销售的专利侵权产品是从他人处获得的,而非是自己生产制造的;同时,还需要证明其是通过正当途径或渠道从他人处获得的专利侵权产品。例如,其是从有合法生产经营许可资质的第三方处以合理的市场价格获得的。如果专利侵权诉讼中的被告在主张合法来源抗辩时,只能证明被控侵权产品是从他人处获得的,并不能证明该获得的行为是否合法,或者虽对该获得行为的合法性进行了证明,但是经审理后认定不具备合法性的,如其是通过窃取的方式获得的或者是从无照摊贩处购买的,则其合法来源抗辩依法不能成立。

(三) 合法来源抗辩成立的条件:证明主观"不知道"

通过对《专利法》第70条的分析可知,合理来源抗辩成立的另一个条件是:不知道是未经专利权人许可而制造并售出的专利侵权产品。这是对合法来源抗辩的主观要求。

关于如何来认定被控侵权人主观上是否"不知道",专利法及相关的司法解释并未给予明确规定。同时,由于"不知道"是人(包括自然人和法人)的一种主观意思表示,一般很难通过客观的证据加以证明,只能通过被控侵权人的客观行为来进行推测。在实际案件操作中,一般则是由专利权人就被控侵权人主观上已经"知道"来进行证明。如果专利权人不能就被控侵权人主观上已经"知道"

进行证明，被控侵权人又能提供"合法来源"证明，则一般可推断被控侵权人主观上"不知道"，并依此认定其合法来源抗辩主张成立。

虽然，在一般情况下，被控侵权人只要能够提供"合法来源"证明并被依法认可的，则可直接推测其主观上"不知道"，但是，有合法来源证明并不直接等同于其主观上"不知道"。在实践中，许多专利权人在正式对被控侵权人提起诉讼前，都是以先发侵权警告函的方式对被控侵权人进行警告，在警告未果的情况下，专利权人才会对其正式提起诉讼。在专利侵权诉讼中，如果专利权人能够证明其曾经向被控侵权人发过侵权警告函，在此种情况下，是否就意味着被控侵权人在主观上已经"知道"，此时不能一概而论。如果专利权人所发的侵权警告函的内容相当翔实，对被控侵权产品的侵权事实进行了详细说明，同时，又附具了有说服力的相关证据，例如其他相关案件的法院判决书、由相关有资质机构提出的侵权分析意见等，而这些资料足以使被控侵权人相信被控侵权产品可能涉嫌专利侵权，则此时专利权人发侵权警告函的行为会导致被控侵权人在主观上由"不知道"变为"知道"。

三、权利用尽抗辩事由及其适用

2008年修订的《专利法》第69条对权利用尽抗辩事由进行了规定，该条规定，"有下列情形之一的，不视为侵犯专利权：（一）专利产品或者依照专利方法直接获得的产品，由专利权人或者经其许可的单位、个人售出后，使用、许诺销售、销售、进口该产品的"。

通过对上述规定的解读，可以得出进行权利用尽抗辩需要满足的条件包括：首先，该产品必须是专利产品；其次，该专利产品合法来源于专利权人或其被许可人；再次，该专利产品是经专利权人或其被许可人售出；最后，买受人对该产品进行了使用、许诺销售、销售、进口。

（一）专利产品已经被售出

权利用尽抗辩适用的对象是已经被专利权人或其被许可人售出的专利产品，只要该专利产品已经被专利权人或其被许可人售出，买受人对该售出的专利产品进行的再次销售、使用、进口行为就不再被视为侵权行为。但是，专利权人或其被许可人的何种行为可被视为"售出"，法律或相关司法解释并未给予明确规定，实践中认定起来也比较困难。

一般情况下，"销售"是指出卖人向买受人转移其产品，买受人为此支付相应对价的行为。因此，专利权人或经其许可的被许可人向他人转移专利产品的时候，只要能从他人处获得相应的对价，那么这种转移专利产品的行为就构成了对专利产品的售后。因为，其在对专利产品进行转移的同时，获得了相应的回报，从而导致该专利权在该专利产品上的用尽。

但在实践中，专利权人或经其许可的被许可人处置专利产品的方式很多，不仅限于一般意义上的"销售"行为。例如，专利权人或经其许可的被许可人将专利产品赠予他人或者免费发放，或者专利产品在专利权人或经其许可的被许可人售出以前被他人盗走，那么，在这些情况下，对专利产品的这些处理行为是否可被认定为"售出"。笔者认为，对于专利产品被专利权人或经其许可的被许可人赠予他人或者免费发放给他人的情况，虽然专利权人或其被许可人并未因此获得相应的对价，其在专利产品上并未获得回报，但是这种赠予或者免费发送是专利权人或经其许可的被许可人的意思自治行为，相当于其放弃了在专利产品上获得回报的权利，其赠予或者免费发送行为已经构成其对获取相应回报权利的抛弃，其出于自愿的赠予或者免费发送行为可被推定为其已经获得了相应的回报，因此，相应地，专利产品可被视为"售出"。对于专利产品在专利权人或经其许可的被许可人售出以前被他人盗走的情况，由于专利产品进入商品流通环节并不是出于专利权人或经其许可的被许可人的意愿，并非其自主意思自治的行为，因此，在这种情况下，专利产品不应被视为"售出"。

在实践中，有些专利权人或经其许可的被许可人会通过合同的方式来对权利用尽情况的发生附条件。例如，专利权人在许可被许可人实施其专利时约定，被许可人可以免费实施其专利，但是，如果被许可人在今后以其自有专利向专利权人进行任何形式的主张后，则被许可人实施专利的行为不被视为是经专利权人的许可。在这种情况下，如果所附条件已经发生，同时，被许可人因实施专利而获得的专利产品也被销售，那么，此时的"销售"是否导致专利法上的经许可的"售出"？笔者认为，权利用尽抗辩制度目的在于保护社会公众合理使用专利产品的行为，对这一制度的适用不能因专利权人对"售出"是否附有条件而产生不同的效力，因此，在此种情况下，仍然构成专利法上的"售出"。

（二）买受人对售出专利产品的处置范围

对于专利产品经专利权人或其许可的被许可人售出后，买受人对该售出的专利产品所为的何种行为可用来主张权利用尽抗辩，《专利法》第69条的规定的是"使用、许诺销售、销售、进口"该专利产品的，不视为侵犯专利权。

由此可见，专利产品被专利权人或其许可的被许可人售出后，任何人对该售出的专利产品所为的任何行为均不构成对专利权的侵犯。同时，如果认真解读《专利法》第69条的话，我们还会发现，可以用来主张权利用尽抗辩的行为还包括专利产品售出后，对该专利产品进行进口的行为，即对专利产品的售出行为发生在国外，而对专利产品的进口行为则发生在国内，这其实是专利法意义的平行进口行为。

所谓"平行进口",是指未经进口国专利权人或其许可的被许可人的许可,将专利权人或其许可的被许可人在其他国家或地区销售的专利产品进口到进口国的行为。根据中国专利法的规定,构成权利用尽抗辩事由的平行进口应符合以下条件:

(1)专利权人在我国存在与进出口的专利产品所使用的技术方案相同的专利权。

(2)平行进口的专利产品来源于专利权人或经其许可的被许可人,并且该专利产品是经过专利权人或经其许可的被许可人售出的产品,至于该售出行为是发生在国外还是国内,则在所不问。

(3)行为人进口该专利产品的行为未得到专利权人依据其国内相应专利而进行的授权。

专利无效宣告请求篇

无效宣告请求理由分析及应用建议

《专利法实施细则》第 65 条第 2 款对无效宣告请求的理由作了具体规定，该款规定："前款所称无效宣告请求的理由，是指被授予专利的发明创造不符合专利法第二条、第二十条第一款、第二十二条、第二十三条、第二十六条第三款、第四款、第二十七条第二款、第三十三条或者本细则第二十条第二款、第四十三条第一款的规定，或者属于专利法第五条、第二十五条的规定，或者依照专利法第九条规定不能取得专利权。"

其中，《专利法》第 2 条规定的是专利的主题不符合发明、实用新型或外观设计的定义；《专利法》第 5 条规定的是专利的主题违反国家法律、社会公德或者妨害公共利益或者违反法律、行政法规的规定获取或者利用遗传资源并依赖该遗传资源完成的；《专利法》第 9 条规定的是专利属于重复授权；《专利法》第 20 条第 1 款规定的是未经保密审查向外国申请专利的发明和实用新型专利；《专利法》第 22 条规定的是发明、实用新型专利不具备新颖性、创造性和实用性；《专利法》第 23 条规定的是外观设计专利属于现有设计、与现有设计相比无明显区别或者与他人在先取得的合法权利相冲突；《专利法》第 25 条规定的是专利的主题属于不授予专利权的范围；《专利法》第 26 条第 3 款规定的是专利说明书没有充分公开发明或者实用新型；《专利法》第 26 条第 4 款规定的是专利权利要求书没有以说明书为依据并清楚地表述请求保护的范围；《专利法》第 27 条第 2 款规定的是外观设计专利的图片或者照片未清楚地显示要求保护产品的外观设计；《专利法》第 33 条规定的是修改超出原说明书和权利要求书记载的范围；《专利法实施细则》第 20 条第 2 款规定的是专利独立权利要求缺少必要技术特征；《专利法实施细则》第 43 条第 1 款规定的是分案申请超出原申请记载的范围。

虽然《专利法实施细则》第 65 条第 2 款所规定的无效宣告请求理由多达十几个，但在实践中使用的主要理由有：《专利法》第 22 条有关发明、实用新型专利不具备新颖性、创造性和实用性的规定；《专利法》第 23 条有关外观设计专利属于现有设计、与现有设计相比无明显区别或者与他人在先取得的合法权利相冲突的规定；《专利法》第 26 条第 3 款有关专利说明书没有充分公开发明或者实用新型的规定；《专利法》第 26 条第 4 款有关专利权利要求书没有以说明书为依据并清楚、简要地表述请求保护的范围的规定；《专利法》第 33 条有关修改超出原说明书和权利要求书记载的范围的规定；《专利法实施细则》第 20 条第 2 款有关专利独立权利要求缺少必要技术特征的规定。下面主要就以上提及的无效宣告请求理由中的几个作一下简单论述。

一、发明、实用新型专利不具备新颖性、创造性和实用性

《专利法》第 22 条规定："授予专利权的发明和实用新型，应当具备新颖性、创造性和实用性。"发明、实用新型不具备新颖性或创造性是被无效宣告请求人使用频率最高的无效宣告请求理由之一，而且许多发明和实用新型也是基于其不具备新颖性或创造性而被宣告无效的。因此，该条款应引起足够的重视。

（一）关于新颖性

《专利法》第 22 条第 2 款对何为"新颖性"作了规定："新颖性，是指该发明或者实用新型不属于现有技术；也没有任何单位或者个人就同样的发明或者实用新型在申请日以前向国务院专利行政

部门提出过申请，并记载在申请日以后公布的专利申请文件或者公告的专利文件中。"同时，该条第5款又规定："本法所称现有技术，是指申请日以前在国内外为公众所知的技术。"

在使用"新颖性"条款提出无效宣告请求时，需要注意以下几点：

（1）用于评价新颖性的对比文件不仅包括现有技术，而且还包括抵触申请。所谓的"抵触申请"是指"任何单位或者个人就同样的发明或者实用新型在申请日以前向国务院专利行政部门提出过申请，并记载在申请日以后公布的专利申请文件或者公告的专利文件中"。这里的"抵触申请"不仅包括他人提出的抵触申请，而且还包括由专利权人自己提出的抵触申请，这是2008年修订的《专利法》所作出的重要修改内容之一，其将抵触申请由原来的相对抵触申请修改为绝对抵触申请，即在2008年《专利法》修订之前，只有他人提出的抵触申请才能够用于评价发明或实用新型专利的新颖性。这就要求在对某一发明或实用新型提出无效宣告请求时，需要甄别到底是使用相对抵触标准还是绝对抵触标准来评价其新颖性。其甄别标准就是看涉案发明或实用新型的申请日，如果其是在2008年修订的《专利法》正式实施（2009年10月1日）之前后申请的，则应当使用相对抵触申请来评价其新颖性，而如果是在2008年修订的《专利法》正式实施之后申请的，则应当使用绝对抵触申请来评价其新颖性。

此外，抵触申请还包括满足特定条件的进入中国国家阶段的国际专利申请，即申请日以前由任何单位或者个人提出，并在申请日之后（含申请日）由专利局作出公布或公告的且为同样的发明或者实用新型的国际专利申请。

（2）用于评价新颖性的现有技术是指，申请日以前在国内外为公众所知的技术。现有技术包括在申请日（有优先权的，指优先权日）以前在国内外出版物上公开发表、在国内外公开使用或者以其他方式为公众所知的技术。现有技术的公开方式包括出版物公开、使用公开和以其他方式公开三种。无论是哪种方式公开，其公开标准都是国内外公开。这也是新修订《专利法》所作出的重要修订内容之一，而在《专利法》2008年修订以前，出版物公开所采用的标准是国内外标准，使用公开采用的标准则是国内标准。公开标准的这一变化也是在选择提出无效宣告请求所使用的对比文件时需要特别注意的地方。

现有技术应当是在申请日以前公众能够得知的技术内容。换句话说，现有技术应当在申请日以前处于能够为公众获得的状态，并包含能够使公众从中得知实质性技术知识的内容。应当注意，处于保密状态的技术内容不属于现有技术。所谓保密状态，不仅包括受保密规定或协议约束的情形，还包括社会观念或者商业习惯上被认为应当承担保密义务的情形，即默契保密的情形。然而，如果负有保密义务的人违反规定、协议或者默契泄露秘密，导致技术内容公开，使公众能够得知这些技术，这些技术也就构成现有技术的一部分。

（3）在使用对比文件来评价专利的新颖性时，采用的是单独对比方式，这与评价发明或实用新型的创造性时可采用的组合对比方式不同。即评价新颖性时，应当将发明或者实用新型专利申请的各项权利要求分别与每一项现有技术或申请在先公布或公告在后的发明或实用新型的相关技术内容单独地进行比较，不得将其与几项现有技术或者申请在先公布或公告在后的发明或者实用新型内容的组合，或者与一份对比文件中的多项技术方案的组合进行对比。

单独对比方式的实质并非将涉案专利的权利要求与单一的一份对比文件进行对比，而是将涉案专利的权利要求与对比文件中所公开的技术方案中的其中一项技术方案进行对比。关于这一点，经常会被无效宣告请求的当事人所误解。专利无效宣告实践表明，当事人通常认为只要将被无效的专利权利要求与单一一份对比文件进行对比来评价其新颖性就不会出现问题，殊不知，这样的对比方式往往会伴随着将权利要求与一份对比文件中所公开的多项技术方案的组合进行对比，如果这些技术方案之间不存在诸如上下继承关系等关系以表明技术方案之间逻辑思路的一致性，那么，这样的对比方式就不再是单独对比方式了，其对涉案专利新颖性的评价结果也会出现错误。

（4）评价被无效宣告的专利是否具有新颖性，其实质是评价对比文件是否公开了与被无效宣告的专利相同的发明或者实用新型。即被无效宣告的发明或者实用新型专利与对比文件的相关内容相比，如果其技术领域、所解决的技术问题、技术方案和预期效果实质上相同，则认为两者为同样的发明或者实用新型。需要注意的是，在进行新颖性评价时，首先应当判断被无效宣告专利的技术方案与对比文件的技术方案是否实质上相同，如果专利与对比文件公开的内容相比，其权利要求所限定的技术方案与对比文件公开的技术方案实质上相同，所属技术领域的技术人员根据两者的技术方案可以确定两者能够适用于相同的技术领域，解决相同的技术问题，并具有相同的预期效果，则认为两者为同样的发明或者实用新型。

（二）关于创造性

《专利法》第22条第2款规定："创造性，是指与现有技术相比，该发明具有突出的实质性特点和显著的进步，该实用新型具有实质性特点和进步。"

在使用"创造性"条款提出无效宣告请求时，需要注意以下几点：

（1）用于评价创造性的对比文件只能是现有技术，而在申请日以前由任何单位或个人向专利局提出过申请并且记载在申请日以后公布的专利申请文件或者公告的专利文件，即所谓的抵触申请，则不能用于评价被无效专利的创造性，这与评价新颖性时所使用的对比文件不同，用于评价新颖性的对比文件不仅可以包括现有技术，而且还可以包括抵触申请。

（2）与评价新颖性时所采用的"单独对比"的评价方式不同，评价创造性时，可以将一份或者多份对比文件中的不同的技术内容组合在一起或者将一份对比文件中的多个技术内容组合在一起对被无效专利进行评价。虽然说，在评价创造性时可以使用多份对比文件，但是无效宣告审查实践表明，专利被无效掉的可能性随着所使用对比文件的数量的增加而降低，这也就是说，使用的对比文件越少，专利被无效掉的可能性就越大。因此，在使用创造性条款提出无效宣告请求时，最好使用一件或两件对比文件来评价创造性，而对于未被对比文件所公开的技术特征则可以考虑这样的技术特征是否属于公知常识，用公知常识证据来弥补公开不充分的缺陷。

（3）评价被无效专利是否具有创造性，就是在评价该发明是否具有突出的实质性特点和显著的进步，该实用新型是否具有实质性特点和进步。

发明具有突出的实质性特点，是指对所属技术领域的技术人员来说，发明相对于现有技术是非显而易见的。如果发明是所属技术领域的技术人员在现有技术的基础上仅仅通过合乎逻辑的分析、推理或者有限的试验可以得到的，则该发明是显而易见的，也就不具备突出的实质性特点。

发明有显著的进步，是指发明与现有技术相比能够产生有益的技术效果。例如，发明克服了现有技术中存在的缺点和不足，或者为解决某一技术问题提供了一种不同构思的技术方案，或者代表某种新的技术发展趋势。关于"发明有显著的进步"这一点，在提出无效宣告请求的时候尤其应当注意。因为，在专利无效实践中，许多无效宣告请求人都很重视对"发明是否具有突出的实质性特点"的评价，而往往忽略对"发明是否有显著的进步"的评价。虽然，只需证明发明不具有突出的实质性特点就可以将涉案专利无效掉，但发明不具有突出的实质性特点有时证明起来不是一件很容易的事情，那么在这种情况下，对"发明是否有显著的进步"的评价就显得尤为重要了。

对于实用新型是否具有实质性特点和进步的评价，可参照对发明是否具有突出的实质性特点和显著的进步的评价方式进行，但其创造性高度要求得相对低些。

（4）评价发明是否具有突出的实质性特点，就是要判断对本领域的技术人员来说，要求保护的发明相对于现有技术是否显而易见。如果显而易见，则不具有突出的实质性特点，如果非显而易见，则具有突出的实质性特点。在评价被无效发明相对于现有技术是否具有突出的实质性特点时，需要使用《专利审查指南》中所规定的"三步走"这一评价方法，即首先应确定最接近的现有技术，然后确定发明的区别特征和发明实际解决的技术问题，最后判断发明对本领域的技术人员来说是否显而易见。

确定最接近的现有技术实际就是在所使用的多篇对比文件中确定哪篇对比文件与被无效发明的权利要求最接近。一般而言，对比文件对被无效发明的权利要求的技术特征公开得越多、越充分，这一对比文件成为最接近的现有技术的可能性也就越高。但这一判断方法并非绝对，还需要结合其他对比文件进行综合判断，进一步考查这一对比文件，通过与其他对比文件结合，是否能够将被无效发明权利要求的全部技术特征进行充分公开。

确定发明的区别特征和发明实际解决的技术问题时，应当首先将被无效发明的权利要求与最接近的对比文件所公开的技术方案进行对比，找出未被最接近对比文件所公开的技术特征，将此未被公开的技术特征作为区别技术特征；然后，根据该区别技术特征所能达到的技术效果确定发明实际解决的技术问题。发明实际解决的技术问题，是指为获得更好的技术效果而需对最接近的对比文件进行改进的技术任务。需要特别指出的是，在评价创造性的一组对比文件中，由谁来作为最接近的对比文件所产生的评价结果是不一样的，虽然对比文件的组合并未发生变化。这是因为，最接近的对比文件不同，被无效发明的权利要求相对于该最接近的对比文件的区别技术特征也就不同，区别技术特征不同，发明所要解决的实际技术问题也就不同。因此，在提出无效宣告请求时，即使在已经确定了对比文件组合的情况下，仍需要认真考量由谁来作为最接近的对比文件更合理。

在判断被无效发明对本领域的技术人员来说是否显而易见时，要从最接近的对比文件和发明实际解决的技术问题出发，判断被无效发明对本领域的技术人员来说是否显而易见。判断过程中，要确定的是对比文件整体上是否存在某种技术启示，即对比文件中是否给出将上述区别特征应用到该最接近的对比文件以解决其存在的技术问题的启示。在实践中的具体判断评价步骤是，确定未被最接近对比文件所公开的区别技术特征是否被对比文件组合中的另一对比文件所公开；如果公开了，则评价该区别技术特征在另一对比文件中所起的作用与其在涉案发明中所起的作用是否一致，是否解决了发明实际解决的技术问题；如果解决的技术问题也相同，则通过评价对比文件与被无效发明的技术领域相同或相近，区别技术特征在对比文件中的作用与在发明中的作用、解决的技术问题相同等角度来论述对比文件给出了将上述区别技术特征应用到该最接近的对比文件以解决其存在的技术问题的启示。

（5）评价未被对比文件所公开的技术特征是否为公知常识。如果未被对比文件所公开的技术特征为公知常识的话，例如，所述区别技术特征是本领域中解决该重新确定的技术问题的惯用手段，或者是教科书或工具书等中披露的解决该重新确定的技术问题的技术手段的,则涉案专利仍不具备创造性并可被宣告无效。因此,如果涉案专利存在未被对比文件所公开的技术特征时,应当考虑该区别技术特征是否为公知常识,如果是公知常识,则应当通过引用教科书、科技字典等工具书作为证据来进行公知常识主张。

二、专利权利要求书没有以说明书为依据并清楚、简要地表述请求保护的范围

《专利法》第26条第4款规定:"权利要求书应当以说明书为依据,清楚、简要地限定要求专利保护的范围。"

在使用专利权利要求书没有以说明书为依据并清楚、简要地表述请求保护的范围这一无效理由对涉案专利进行无效时,应当注意以下几点:

(一)关于新、旧法的适用问题

《专利法》第26条第4款就权利要求符合授权条件的两个方面,即"权利要求应当以说明书为依据""权利要求书应当清楚、简要",进行了规定。但是,这一条款所规定的两个方面,在2000年修订的《专利法》、2002年修订的《专利法实施细则》里是被分别规定在两个条款里面的。其中,2000年修订的《专利法》第26条第4款规定:"权利要求书应当以说明书为依据,说明要求专利保护的范围";2002年修订的《专利法实施细则》第20条第1款规定:"权利要求书应当说明发明或者实用新型的技术特征,清楚、简要地表述请求保护的范围。"

国家知识产权局《施行修改后的专利法的过渡办法》第2条规定:"修改前的专利法的规定适用于申请日在2009年10月1日前(不含该日,下同)的专利申请以及根据该专利申请授予的专利权;修改后的专利法的规定适用于申请日在2009年10月1日以后(含该

日，下同）的专利申请以及根据该专利申请授予的专利权；但本办法以下各条对申请日在 2009 年 10 月 1 日前的专利申请以及根据该申请授予的专利权的特殊规定除外。"

国家知识产权局《施行修改后的专利法实施细则的过渡办法》第 2 条规定："修改前的专利法实施细则的规定适用于申请日在 2010 年 2 月 1 日前（不含该日）的专利申请以及根据该专利申请授予的专利权；修改后的专利法实施细则的规定适用于申请日在 2010 年 2 月 1 日以后（含该日，下同）的专利申请以及根据该专利申请授予的专利权；但本办法以下各条对申请日在 2010 年 2 月 1 日前的专利申请以及根据该申请授予的专利权的特殊规定除外。"

由此可见，在对涉案专利提出无效时，首先需要甄别该专利的申请日，然后根据国家知识产权局《施行修改后的专利法的过渡办法》《施行修改后的专利法实施细则的过渡办法》的有关规定，选择适当的法律及适当的条款来提出无效理由。

（二）关于权利要求书没有以说明书为依据

权利要求书应当以说明书为依据，是指权利要求应当得到说明书的支持。权利要求书中的每一项权利要求所要求保护的技术方案应当是所属技术领域的技术人员能够从说明书充分公开的内容中得到或概括得出的技术方案，并且不得超出说明书公开的范围。对此，在以"权利要求书没有以说明书为依据"，即"权利要求书没有得到说明书的支持"这一无效理由对涉案专利提出无效宣告请求时，应注意以下几点：

（1）"权利要求应当得到说明书的支持"是指权利要求书应当得到说明书的实质支持，而并非形式上的支持。如果专利说明书只是在文字上记载了与权利要求所记载的技术内容一样或类似的技术内容，而并未以具体实施例等方式对权利要求所要求保护的技术方案进行详细的说明，例如，专利说明书只在发明内容部分对涉案专利权利要求所记载的内容进行了文字上的"复制",而并未对如何来实现专利权利要求所记载的技术方案进行详细说明,本领域普通技术人员即使结合本领域的普通技术常识也无法获知如何来实现权利要求所记载的技术方案,那么此时,权利要求就有可能得不到说明书的实质支持,可以考虑以涉案专利权利要求不符合《专利法》第26条第4款为理由提出无效宣告请求。

(2) 在论证"权利要求应当得到说明书的支持"时,应当首先指出权利要求中得不到说明书支持的具体技术特征是什么,同时指出说明书对与该具体技术特征相关的技术内容是如何记载的,该记载与权利要求书的该具体技术特征之间的区别是什么,并结合说明书对相关内容的记载以及本领域普通技术人员所应具有的普通技术常识具体分析权利要求中的具体技术特征得不到说明书支持的理由。必要时,可以结合技术字典、教科书等常规技术资料,就权利要求及说明书中的相关技术特征的含义进行解释以证明权利要求得不到说明书支持。

(3) "功能性限定"是"权利要求得不到说明书支持"的最常见的情况。对于权利要求中所包含的功能性限定的技术特征,应当理解为覆盖了所有能够实现所述功能的实施方式。对于含有功能性限定的特征的权利要求,应当考察该功能性限定是否得到了说明书的支持。如果权利要求中限定的功能是以说明书实施例中记载的特定方式完成的,并且所属技术领域的技术人员不能明了此功能还可以采用说明书中未提到的其他替代方式来完成,或者所属技术领域的技术人员有理由怀疑该功能性限定所包含的一种或几种方式不能解决发明或者实用新型所要解决的技术问题,并达到相同的技术效果,则权利要求中不得采用覆盖了上述其他替代方式或者不能解决发明或实用新型技术问题的方式的功能性限定。此外,如果说明书中仅以含糊的方式描述了其他替代方式也可能适用,但对所属技术领域的技术人员来说，并不清楚这些替代方式是什么或者怎样应用这些替代方式，则权利要求中的功能性限定也应当是不被允许的。在这种情况下，可以针对功能性限定技术特征以"权利要求得不到说明书支持"这一理由提出无效宣告申请。

（三）关于权利要求书没有清楚、简要地表述请求保护的范围

"权利要求书应当清楚、简要"这一无效理由在所有的无效理由里面占有非常重要的地位。这种重要地位并不是说以这一无效理由将涉案专利无效掉的可能性非常高，而是说，这一无效理由是有效使用其他一些无效理由的基础。例如，对涉案专利是否具有新颖性或创造性的评价是建立在对涉案专利权利要求的技术特征有清楚定义的基础上的，只有在对具体的技术特征有清楚定义的情况下，才能对该具体技术特征是否被对比文件所公开作出有效评价；再如，对涉案专利独立权利要求是否缺少必要技术特征的评价也是建立在涉案专利独立权利要求中的全部技术特征所构成的整个技术方案清楚的基础之上的，只有整个技术方案清楚了，才能够对该技术方案能否实现涉案专利的发明目的作出有效评价。

（1）权利要求书应当清楚，一是指每一项权利要求应当清楚，二是指构成权利要求书的所有权利要求作为一个整体也应当清楚。首先，每项权利要求的类型应当清楚。权利要求的主题名称应当能够清楚地表明该权利要求的类型是产品权利要求还是方法权利要求。如果涉案专利权利要求采用模糊不清的主题名称，例如，"一种……技术"，或者在一项权利要求的主题名称中既包含有产品又包含有方法，例如，"一种……产品及其制造方法"，则该权利要求就不符合"权利要求应当清楚"的要求。

其次，每项权利要求所确定的保护范围也应当清楚，权利要求的保护范围应当根据其所用词语的含义来理解。权利要求中不得使用

含义不确定的用语,如"厚""薄""强""弱""高温""高压""很宽范围"等,除非这种用语在特定技术领域中具有公认的确切含义;权利要求中不得出现"例如""最好是""尤其是""必要时"等类似用语,因为这类用语会在一项权利要求中限定出不同的保护范围,导致保护范围不清楚;在一般情况下,权利要求中不得使用"约""接近""等""或类似物"等类似的用语,因为这类用语通常会使权利要求的范围不清楚。如果涉案专利的一项权利要求使用了上述技术术语,就需要考虑这样的技术术语是否使得相关权利要求保护范围不清楚,并据此决定是否需要以"权利要求不清楚"作为无效理由之一来提出无效宣告请求。

(2)权利要求书应当简要,一是指每一项权利要求应当简要,权利要求的表述应当简要,除记载技术特征外,不得对原因或者理由作不必要的描述,也不得使用商业性宣传用语;二是指构成权利要求书的所有权利要求作为一个整体也应当简要。例如,一件专利申请中不得出现两项或两项以上保护范围实质上相同的同类权利要求。

需要强调的是,专利无效宣告实践表明,无效宣告请求人一般对"权利要求应当清楚"这一无效理由很重视,一般都能够对权利要求不清楚的情况进行指出并进行详细阐述。但是,"权利要求应当简要"这一理由被使用的频率却很低,这可能是由于无效宣告请求人对"权利要求应当简要"的内涵是什么认识不够。但实践中,构成权利要求书的所有权利要求作为一个整体不简洁的情况确也不少,所以,对于无效宣告请求人而言,在对涉案专利进行分析的时候,对权利要求是否存在不简洁的情况,应当作全面的分析。

三、修改超出原说明书和权利要求书记载的范围或者分案申请超出原申请记载的范围

"修改超范围"这一无效理由是通过两个条款体现出来的,第

一个条款是《专利法》第33条，该条规定，"申请人可以对其专利申请文件进行修改，但是，对发明和实用新型专利申请文件的修改不得超出原说明书和权利要求书记载的范围，对外观设计专利申请文件的修改不得超出原图片或者照片表示的范围"，即对专利申请文件的修改不得超过原申请所公开的范围。

第二个条款是2010年新修订的《专利法实施细则》所新增加的条款即第43条第1款，该款规定，"依照本细则第四十二条规定提出的分案申请，可以保留原申请日，享有优先权的，可以保留优先权日，但是不得超出原申请记载的范围"，即分案申请不得超出原申请记载的范围。

在使用"修改超范围"这一无效理由提出无效宣告请求时，需要注意以下几点：

（1）《专利法》第33条、《专利法实施细则》第43条第1款是非常重要的无效理由。这是因为，"修改超范围"这一无效理由在无效宣告审查过程中，一般都是优先进行审查的。只要无效宣告请求人指出专利申请人对专利申请文件所作出的修改，并且能够证明该修改已经超出了原始申请文件所公开的范围，如果无效宣告请求人对"修改超范围"这一无效理由的说明能够得到专利复审委员会的认可，那么，专利复审委员会一般都会优先选择以这一无效理由来作出无效宣告决定。由此可见，《专利法》第33条、《专利法实施细则》第43条第1款是一个非常重要的无效理由，如果能够充分利用，一般可以达到事半功倍的效果。

（2）使用"修改超范围"作为无效理由时，最重要的是对授权专利文件相对于原始申请文件"修改超范围"内容的指出。在指出"修改超范围"的内容之前，首先需要确定"原始申请文件"。何为"原始申请文件"，许多无效宣告请求人都会对此有错误认识，他们认为对于发明专利而言，经过国家知识产权局早期公开的文本就是该发明专利的原始申请文件,其实不然。对于发明专利而言,其早期公开的文本有可能已经对于申请日提交的原始申请文件进行了修改,因此,如果需要获取该发明专利真正的"原始申请文件",则有必要通过查阅该发明专利的卷宗来获取。此外,对于实用新型和外观设计专利,亦可通过查阅案件卷宗来获取原始申请文件。因此,必需清楚,所谓的"原始申请文件"是指申请人于申请日提交的原说明书(包括附图)和权利要求书。

(3)确定原始申请文件和最终授权文件之后,接下来就是对"修改超范围"内容的确定了。对于如何甄别"修改超范围"的内容,一方面,可以通过将最终授权文件与原始申请文件中的文字进行一一对比,找出其中记载不一样或不完全一样的内容,并分析这些记载不一样或不完全一样的内容是不是能从原始申请文件直接地、毫无疑义地确定的。另一方面,可以通过查阅审查历史文档来获知最终授权文件相对于原始申请文件所作出的修改。一般情况下,申请人对专利申请文件的修改都是以修改参考页和替换页的形式进行的,这些修改参考页可以真实地反映出申请人对申请文件所作出的修改。此外,通过查阅审查历史文档的方式,还可以获知申请人所作出的修改是主动修改还是为了克服审查意见通知书所指出的缺陷所作出的被动修改以及审查员对其修改所作出的审查意见。因此,从这一角度可以说,通过查阅审查历史文档来获知"修改超范围"的内容这一方式,可以获得更多的信息,有利于无效宣告请求人提出针对性强的无效宣告请求。

(4)对申请文件的修改不论属于主动修改还是针对通知书指出的缺陷进行的被动修改,都不得超出原说明书和权利要求书记载的范围。原说明书和权利要求书记载的范围包括原说明书和权利要求书文字记载的内容和根据原说明书和权利要求书文字记载的内容以及说明书附图能直接地、毫无疑义地确定的内容。具体地说,如果申请的内容通过增加、改变和/或删除其中的一部分，致使所属技术领域的技术人员看到的信息与原申请记载的信息不同，而且又不能从原申请记载的信息中直接地、毫无疑义地确定，那么，这种修改就属于超范围的修改，是不允许的。

四、专利独立权利要求缺少必要技术特征

《专利法实施细则》第 20 条第 2 款是另一个比较重要的无效理由，该款规定："独立权利要求应当从整体上反映发明或者实用新型的技术方案，记载解决技术问题的必要技术特征。"在使用独立权利要求缺少必要技术特征这一理由进行专利无效时，需要注意以下几点：

（1）《专利法实施细则》第 20 条第 2 款中所述的"必要技术特征"是指，发明或者实用新型为解决其技术问题所不可缺少的技术特征，其总和足以构成发明或者实用新型的技术方案，使之区别于背景技术中所述的其他技术方案。另外，需要特别说明的是，这里面的"技术问题"并非发明或实用新型所要解决的全部技术问题，"必要技术特征"也并非解决该全部技术问题所不可缺少的技术特征。一般情况下，只要独立权利要求记载了发明或实用新型为解决其现有技术中所面临的一个技术问题所不可缺少的技术特征，那么，该独立权利要求就满足《专利法实施细则》第 20 条第 2 款的要求。

（2）判断独立权利要求是否缺少必要技术特征，首先应当确定的是该独立权利要求所要解决的技术问题。一般情况下，发明或者实用新型所要解决的技术问题是被记载在说明书中的，有时会以比较明确的方式进行记载，而有时则会以比较隐含的方式进行记载。例如，说明书并未直接记载发明或者实用新型所要解决的技术问题，而是揭示了现有技术所存在的问题。不管是以明确方式进行的记载

还是以隐含的方式进行的记载，无效宣告请求人以《专利法实施细则》第20条第2款提出无效宣告请求时所使用的"技术问题"应当是在专利文件中有过记载的，无效宣告请求人不应脱离专利文件而"凭空编造"出一个"技术问题"，并据此来证明独立权利要求书缺少解决该技术问题的必要技术特征。因此，在提出无效宣告请求时，依据专利文件对独立权利要求所要解决的"技术问题"进行确认是有必要的。

（3）在对独立权利要求所要解决的"技术问题"进行确定的基础上，紧接着需要确认该独立权利要求是否缺少必要技术特征。判断某一技术特征是否为必要技术特征，应当从所要解决的技术问题出发并考虑说明书描述的整体内容。在具体的无效宣告案件中，一般情况下，应当从该确定的技术问题出发，通过阅读并分析说明书来确定说明书为了解决这一技术问题所采用的技术方案是什么以及组成该技术方案的技术特征是什么，然后，将该技术方案以及组成该技术方案的技术特征与独立权利要求所记载的技术方案以及组成该技术方案的技术特征进行对比，进而确定说明书所公开的技术特征是否未被该独立权利要求所记载。

（4）需要特别强调的是，在专利无效宣告实践中，无效宣告请求人最好是将说明书中所记载的特征确认为独立权利要求所缺少的必要技术特征，一般不宜将无效宣告请求人认为的为解决其技术问题而未被说明书所公开的技术特征认定为独立权利要求所缺少的必要技术特征。如果无效宣告请求人认为，为了解决发明或者实用新型所要解决的技术问题，还需要采用其他未被说明书所记载的技术特征，那么，在此种情况下，建议无效宣告请求人最好先以"说明书公开不充分"这一无效理由提出无效请求，然后，在此基础上，可以进一步以"独立权利要求缺少必要技术特征"这一无效理由予以阐述。由此可见，无效条款之间的配合也是相当重要的。

无效宣告请求的提出策略

上一篇论述了主要的无效宣告请求理由,同时,对如何利用这些无效宣告请求理由也进行了详细的说明,这一篇主要从无效宣告请求人的角度介绍无效宣告请求的提出策略。

一、在恰当的时机提出无效宣告请求

专利无效宣告请求实践表明,很多无效宣告请求都是由于无效宣告请求人接到了专利权人或利害关系人如专利独占实施权人等的侵权主张后,针对权利人所主张的专利提出的,并以此来作为对这一侵权主张的抗辩手段。在这种情况下,无效宣告请求人提出无效宣告请求的原因可能各不同。有的可能是因为权利人所主张的专利不具备《专利法》及其实施细则所规定的授权条件,需要通过专利无效程序将其无效掉,从而致使其侵权主张缺少合法依据;有的可能是希望通过无效宣告程序迫使专利权人为了维持其专利的有效性而对其授权的权利要求进行限缩,从而使得被控侵权产品没有落入经过限缩后的专利的保护范围。但不管无效宣告请求人是出于何种具体的原因而提出的无效宣告请求,其终极目标就是使得无效宣告程序可以更好地为专利侵权诉讼等程序服务。而为了实现这一目标,在何时提出无效宣告请求就显得尤为重要。虽然《专利法》《专利法实施细则》《专利审查指南 2010》并未就专利无效程序与专利侵权诉讼程序之间的链接关系等作出具体的规定,但是,最高人民法院于 2001 年发布并实施的《最高人民法院关于审理专利纠纷案件适用法律问题的若干规定》这一司法解释就专利无效的提出是否可以引起诉讼中止作了原则性规定。

该司法解释第9条规定：

人民法院受理的侵犯实用新型、外观设计专利权纠纷案件，被告在答辩期间内请求宣告该项专利权无效的，人民法院应当中止诉讼，但具备下列情形之一的，可以不中止诉讼：

（一）原告出具的检索报告未发现导致实用新型专利丧失新颖性、创造性的技术文献的；

（二）被告提供的证据足以证明其使用的技术已经公知的；

（三）被告请求宣告该项专利权无效所提供的证据或者依据的理由明显不充分的；

（四）人民法院认为不应当中止诉讼的其他情形。

同时，该司法解释第10条规定：

人民法院受理的侵犯实用新型、外观设计专利权纠纷案件，被告在答辩期间届满后请求宣告该项专利权无效的，人民法院不应当中止诉讼，但经审查认为有必要中止诉讼的除外。

此外，该司法解释第11条还规定：

人民法院受理的侵犯发明专利权纠纷案件或者经专利复审委员会审查维持专利权的侵犯实用新型、外观设计专利权纠纷案件，被告在答辩期间内请求宣告该项专利权无效的，人民法院可以不中止诉讼。

通过对以上几条规定的解读，可以得出以下几个结论：

（1）首先需要明确的是，能够引起专利侵权诉讼程序中止的无效宣告请求，应当由专利侵权诉讼中的被告来提出。在专利侵权诉讼实践中，有许多专利权人尤其是个人专利权人会对多个涉嫌侵权人提出专利侵权诉讼，而部分被控侵权人可能针对涉案专利提出了无效宣告请求，对于未针对涉案专利提出无效宣告请求的被控侵权人是否可以以其他无效宣告请求人已经针对涉案专利提出无效宣告请求这一理由请求受案法院中止其诉讼？对此，《最高人民法院关于审理专利纠纷案件适用法律问题的若干规定》这一司法解释并未给予明确规定。但是，如果从这一司法解释对如上几条的规定来看，其目的是为了促使被告积极对涉案专利提起无效宣告请求，因此，从这一角度来分析的话，能够引起专利诉讼程序中止的无效宣告请求应当是由涉案被告提出的。

（2）对于实用新型和外观设计专利侵权诉讼，被告如果想通过无效宣告请求的提出来中止侵权诉讼程序，那么，被告就需要在专利侵权诉讼程序的15天的答辩期内针对涉案专利提出无效宣告请求。如果被告在答辩期终止后才提出无效宣告请求的，则该无效宣告请求不能引起专利侵权诉讼程序的中止。

（3）对发明专利侵权诉讼或者经专利复审委员会审查维持专利权有效的实用新型、外观设计专利侵权诉讼，被告在答辩期间内请求宣告该项专利权无效的，该司法解释虽然规定在这种情况下人民法院可以不中止诉讼，但是，从专利侵权诉讼实践来看，很多情况下，人民法院还是会中止诉讼的。因此，即使对于发明专利侵权诉讼或者经专利复审委员会审查维持专利权有效的实用新型、外观设计专利侵权诉讼，被告仍应尽力在侵权诉讼程序中的答辩期内针对涉案专利提出无效宣告请求，并以此为依据请求受案法院中止相应的诉讼程序。

由此可见，不管是发明专利，还是实用新型或者外观设计专利，也不管该专利是否已经经专利复审委员会审查并维持其专利权有效，对于专利侵权诉讼中的被告而言，均有必要在15天的答辩期内，针对该专利提出无效宣告请求。这一方面，可以作为被告针对专利权人的诉讼行为的一种抗辩手段；另一方面，被告可以以无效宣告请求的提出请求受案法院中止诉讼，以便将精力集中于无效宣告程序，如果涉案专利在无效宣告程序中可以被无效掉，那么，后续的侵权诉讼也就随之解决了。

二、合理利用无效宣告请求的首次提出以及后续补充程序

无效宣告请求人首次提出无效宣告请求以后，还有机会就无效宣告请求的理由以及证据进行增加或者补充。《专利法实施细则》第67条规定："在专利复审委员会受理无效宣告请求后，请求人可以在提出无效宣告请求之日起1个月内增加理由或者补充证据。逾期增加理由或者补充证据的，专利复审委员会可以不予考虑。"

无效宣告请求被专利复审委员会受理后的1个月的补充程序，对无效宣告请求人而言也是相当重要的，要善于利用好这个补充程序。尤其是对于作为无效宣告请求人的专利侵权诉讼被告而言，更是如此。这是因为，专利侵权诉讼的被告，往往会在接到法院转送的原告的诉状后15日内提出无效宣告请求，这段时间相当短，以致被告不能针对涉案专利提出非常有效的无效宣告理由。在无效宣告请求首次提出后，1个月的补充期限，使得被告可以有充足的时间针对涉案专利进行充分的现有技术检索、涉案专利不具备授权条件的理由分析等，并在此基础上，补充并修正无效宣告请求的理由，补充相应的证据，进而提高涉案专利被无效掉的可能性。

此外，对于无效宣告请求人而言，这1个月的补充期限也是一个"策略期"。从策略上来讲，对于无效宣告请求人而言，越有说服力的无效宣告请求理由提出的时间越晚。这样，专利权人对无效宣告理由进行分析并作出有针对性的答复的时间也就越少，这对无效宣告请求人而言自然也就更好。因此，从这一角度讲，无效宣告请求人可以在提出无效宣告请求之前，策略性地分析一下哪些无效宣告请求的理由在提出无效请求时提出，哪些无效宣告请求的理由在1个月的补充程序中提出。由此可见，合理地利用1个月的补充程序对无效宣告请求人而言是很重要的。

三、将无效宣告请求理由与专利侵权主张进行衔接

在中国,专利侵权诉讼程序与专利无效宣告程序是相互独立的两个程序,分别由人民法院和专利复审委员会受理并审理。在专利侵权诉讼程序中,专利权人为了证明被控侵权产品落入了其专利的保护范围,往往会对其专利权利要求的保护范围进行扩大性解释;而在专利无效宣告程序中,专利权人又为了使其专利能被维持有效,往往会对其专利进行限制性解释以缩小其专利的保护范围。另外,审理专利侵权诉讼的法官与审理专利无效宣告请求的复审审查员由于专业背景不同、审理案件的标准不同,导致双方对涉案专利的技术方案的理解可能不同,对权利要求保护范围的界定也有可能不同。这容易导致专利权利要求的保护范围在无效宣告程序与在侵权诉讼程序中的不同。

为了解决专利权利要求的保护范围因程序不同而不同的问题,作为专利侵权诉讼程序中的被告在针对涉案专利提出无效宣告请求时,有必要将专利侵权诉讼程序与专利无效宣告程序进行有机的链接,以防止专利权人在专利无效程序中对权利要求进行限缩后又在专利侵权诉讼程序中对权利要求进行扩大性解释。将专利侵权诉讼程序与专利无效宣告程序进行有机链接,可以考虑以下方式:

(1)被告在接到专利权人的侵权诉讼主张后,应认真分析其侵权主张及理由,弄清楚其主张专利侵权的理由是什么,被控侵权产品对涉案专利构成的是相同侵权还是等同侵权,被控侵权产品的哪些技术特征被主张成涉案专利权利要求中的技术特征。然后,需要确认,专利权人对其专利权利要求有没有进行扩大性解释,若有扩大性解释,则需进一步确认涉案专利权利要求中的哪一个技术特征被扩大性解释了。同时,需要确认专利权人是否是通过对涉案专利权利要求的技术特征进行扩大性解释这一方式来证明被控侵权产品

对其专利构成了侵权。如果答案是肯定的，那么，被告在针对涉案专利提出无效宣告请求时，就需要针对该被扩大解释的技术特征，考虑从多方面提出无效宣告理由。例如，可以以该技术特征含义不清导致其权利要求的保护范围不清楚来提出"权利要求不清楚"这一无效宣告理由，以使专利权人在无效宣告程序中对该技术特征的具体含义作出具体说明，促使其将其权利要求的保护范围明确限缩至其本来的范围内。

被告也可以针对该被扩大解释的技术特征进行对比文件的检索，检索出含有与其被控侵权产品的相应技术特征相同或相似的技术特征的对比文件，然后以涉案专利所公开的技术方案已经被该对比文件或对比文件组合所公开来提出"专利不具备新颖性、创造性"这一无效理由，以诱导专利权人在无效宣告程序中作出其专利权利要求中的相应技术特征不同于对比文件所公开的技术特征这样的表述。一旦专利权人作出类似的表述，那么实际上也就表明其间接地承认了被控侵权产品中的相应技术特征不同于其专利权利要求中所记载的该技术特征。被告在随后进行的专利侵权诉讼程序中，可以针对该技术特征向法院主张适用"禁止反悔原则"。

（2）在许多专利侵权诉讼中，原告为了不让被告过早地获知其真正的诉讼理由，其在起诉书中往往并不明确指出被控侵权产品的哪些技术特征对其所主张的权利要求中的相应技术特征构成相同或等同，其只是含糊地表示被控侵权产品落入了其专利的保护范围，至于是如何落入保护范围的，则并不明确说明。此时，被告就无法通过原告的起诉书获知其具体的侵权主张理由，同时，也无法获知原告有没有对其权利要求的保护范围进行扩大性解释。

在这种情况下，被告仍可以通过其他方式对专利权人可能进行的扩大解释进行防范。例如，被告可以对涉案专利的权利要求进行详细解读，同时，对被控侵权产品所使用的技术方案进行分析。然后，就涉案专利权利要求的技术特征与被控侵权产品的相应技术特征进行一一对应，确认该相应技术特征是否对涉案专利权利要求中的技术特征构成相同或等同，并进一步推测专利权人有无可能通过对涉案专利权利要求进行扩大性解释而将导致被控侵权产品落入涉案专利的保护范围。如果有这样的可能，那么，被告在对涉案专利提出无效宣告请求时，就需要对可能被专利权人进行扩大性解释的技术特征进行区别对待，采用上面第（1）点所提及的各种方式来限制权利人对其专利进行扩大性解释。

（3）将专利侵权诉讼程序与专利无效宣告程序进行有机链接的目的是通过对涉案专利提出无效宣告请求的方式促使专利权人对其涉案专利的保护范围进行限缩，并通过向法院主张"禁止反悔原则"的适用来防范专利权人在专利侵权诉讼程序中对权利要求的保护范围进行扩大性解释。

为实现这一目的，被告应时时地将在无效宣告程序中形成的、能够在侵权诉讼程序中对自己有利的各种证据提交给法院或者请法院进行依法调取。例如，专利权人在无效宣告程序中提交的书面意见陈述书、无效宣告口头审理程序形成的并经专利权人或其代理人签字确认的口审笔录等。虽然，专利侵权诉讼中法院均会对证据的提交指定举证期限，上述证据有可能在举证期限内无法获得，但是，由于侵权诉讼程序启动在先，无效宣告程序启动在后，对于在启动在后的无效宣告程序中形成的上述证据，被告可以以上述证据属于民事诉讼法中所规定的"新证据"请求法院进行受理。

上述证据被法院依法受理后，被告就需要认真考虑如何运用这些证据来对原告的诉讼主张进行有力抗辩。一般情况下，被告均可以通过主张"禁止反悔原则"的适用来抗辩。关于"禁止反悔原则"的适用，可参考本书中"禁止反悔原则及其在中国的适用"一章的内容。

以上说明的是如何将专利侵权诉讼程序与专利无效宣告程序有机链接。实践中，专利权人或其利害关系人还有可能通过其他方式进行侵权主张。例如，向专利行政执法部门请求对涉嫌侵权产品予以查处。无论是以专利侵权诉讼的方式还是以专利行政处理的方式进行的侵权主张，作为被告或者被请求人均可以通过上面提及的方式来将专利无效宣告程序与专利侵权主张程序有机链接，以防止专利权人对其专利可能作出的扩大性解释。

在中国，专利无效宣告请求是由专利复审委员会受理并审理的，而专利侵权则可以向法院或专利行政执法部门进行主张，专利无效程序与专利侵权主张程序的相互独立可能导致在对涉案专利保护范围确定时标准不统一的问题。可喜的是，这一问题已经得到了相关部门的重视。2010年，为提高专利案件办理效率，建立务实高效的专利案件办理合作机制，专利复审委员会与北京市知识产权局联合签订了专利案件办理工作合作协议。同时，双方于2012年2月14日首次开展了针对一件专利的无效及侵权纠纷案件的联合办理工作，这一工作方式有利于促进专利确权与侵权程序的有效衔接，促进执法标准的协调一致。

四、协调好各无效宣告请求的理由

《专利法》和《专利法实施细则》所规定的各无效宣告理由之间看似相互独立、互不影响，具体到每一个无效宣告案件，无效宣告请求人就需要将各无效宣告理由有机统一，并通过各无效宣告理由之间的相互配合以达到将涉案专利无效的目的。下面就介绍如何使各无效宣告理由之间相互配合、协调。

（1）无效宣告请求人在以"权利要求不具备新颖性、创造性""独立权利要求缺少必要技术特征"等无效宣告理由提出无效宣告请求时，这些无效宣告理由能否成立的一个先决条件就是被提出无效宣告的权利要求是否清楚、其专利保护范围是否可以被清楚地界定。因为只有在权利要求的技术特征都清楚、都有明确清晰的含义的时候，才能对该技术特征以及权利要求所记载的、包括该技术特征的整个技术方案是否被无效宣告请求人所指出的对比文件所公开作出有意义的评价；同理，只有在技术特征清楚、有明确含义的情况下，独立权利要求所记载的、由技术特征组成的技术方案才会变得清楚，才能够确定该独立权利要求能否实现本发明目的以及为实现本发明目的还需要记载的其他必要技术特征。由此可见，"权利要求是否清楚"对无效宣告请求的提出以及涉案专利能否最终被无效均有一定程度的影响，其在一定程度上决定着其他无效宣告理由能否成立、能否被专利复审委员会所认可。因此，无效宣告请求人在提出无效宣告请求时，最好首先确认一下涉案专利的权利要求所记载的技术特征是否清楚、由技术特征所组成的技术方案作为一个整体是否清楚。如果不清楚、有含糊的地方，那么就有必要以"权利要求不清楚"作为在先的无效宣告理由提出无效宣告请求，要求专利权人解释清楚。在权利要求被解释清楚的前提下，再进一步评价"权利要求不具备新颖性创造性""独立权利要求缺少必要技术特征"等其他无效宣告理由。

（2）"独立权利要求缺少必要技术特征"这一无效宣告理由考查的是独立权利要求所记载的技术方案作为一个整体能否实现涉案专利的发明目的。在专利无效宣告实践中，在评价涉案专利独立权利要求是否缺少必要技术特征时，首先应当确定该独立权利要求所要实现的发明目的是什么。一般而言，发明目的被记载在涉案专利的说明书中，其目标是解决背景技术中所存在的技术问题。在确定好发明目的后，就需要分析为了实现这一发明目的需要采取什么样的技术方案，这一技术方案需要由哪些必要技术特征来构成。同时，需要对比一下，专利说明书记载的为了实现这一发明目的所采用的技术方案与专利独立权利要求所记载的技术方案有何不同,该不同是不是由于该专利独立权利要求没有记载相应的技术特征所造成的。如果是,那么就可以依据说明书的记载来对"独立权利要求缺少必要技术特征"这一无效宣告理由进行评价。但是,在有些情况下,无效宣告请求人经过分析后认为,为了实现涉案专利的发明目的,独立权利要求所缺少的必要技术特征是未被专利文件所记载的技术特征,在这种情况下是否可以提出"独立权利要求缺少必要技术特征"这一无效宣告理由。笔者认为,在独立权利要求所缺少的技术特征是未被专利文件所记载的技术特征的情况下,最好先提出"说明书不完整"这一无效理由,优先阐述说明书由于没有记载相关的技术特征,使得相应的技术方案不完整,本领域的普通技术人员根据说明书的记载无法实施该相应技术方案。在对"说明书不完整"这一无效理由进行评价的基础之上,再进一步提出并阐述"独立权利要求缺少必要技术特征"这一无效宣告理由。这样,不仅使得无效宣告请求很有层次感,一环紧扣一环,便于复审审查员理解;同时,也使得涉案专利所存在的同一个缺陷被先后以两个不同的无效宣告理由进行了评述,增加了涉案专利被无效的可能性。

(3)授权专利在不符合《专利法》第26条第3款所规定的"说明书应当""清楚、完整"这一授权条件时可以被提起无效。但是,无效宣告的对象应当是具体的权利要求,只有当某一项无效宣告理由是针对某一项权利要求提出并且该无效宣告理由被认可时,与该无效宣告理由相关的权利要求才可被宣告无效。而《专利法》第26条第3款所规定的"说明书应当""清楚、完整"这一授权条件针对的是说明书。说明书在不满足这一授权条件时,不必然导致专利被无效,只有说明书不清楚、不完整的部分与授权的权利要求相关时,该无效宣告理由才会导致该相关权利要求的无效。因此,在使用《专利法》第26条第3款作为无效宣告理由时,需要考虑说明书不清楚、不完整的内容是否与授权的权利要求相关,如果与授权的权利要求不存在相关性时,则不宜采用这一无效宣告理由提出无效宣告请求。根据专利无效实践经验,一般情况下,在使用"权利要求不清楚"这一无效宣告理由针对某项权利要求提出无效宣告请求时,同时还可以针对说明书中与该权利要求所记载的技术方案相关的内容部分以"说明书不清楚"这一无效宣告理由提出无效宣告请求。这样既可以使各无效宣告理由之间达到协调,同时,又使得同一缺陷由于以多个无效宣告理由被反复提及更凸显出其缺陷性从而大大增加被无效的可能性。

(4)《专利法》第33条规定的是"对专利申请文件的修改不得超出原始申请文件所公开的范围。当涉案专利不符合这一授权条件时,可以以这一无效宣告理由提出无效。但是,同上述第(3)点所述的情况类似,《专利法》第33条所规定的"对""专利申请文件的修改"包括两种情况:一种是对权利要求的修改,一种是对说明书的修改。由于对权利要求的修改直接针对的对象是权利要求,这种修改一旦不符合《专利法》第33条的规定就可以导致相关权利要求被无效。因此,在这种情况下,可以直接针对这种超范围的修改提出无效宣告请求。而对于说明书的修改,如果这种修改并不涉及权利要求、并不影响权利要求的保护范围,那么,即使这种修改存在超范围的情况,但由于该超范围的修改并不影响授权的权利要求,则在这种情况下,即使依据《专利法》第33条提出无效宣告请求,也不会导致权利要求被无效。

无效宣告请求的答辩策略

一、谨慎决定对专利文件是否进行修改

专利权人在接收到专利复审委员会转发的由无效宣告请求人提出的无效宣告请求后,需要于专利复审委员会指定的 1 个月的答辩期内进行意见陈述,同时,在对无效宣告请求书所提出的无效宣告理由进行分析后决定是否需要对涉案专利文件进行修改。前面提到,很大比例的无效宣告请求的提出都是由于诸如专利侵权诉讼等专利侵权主张而引发的。在这种情况下,对专利申请文件的修改需要更加慎重一些,不仅需要考虑如果不进行修改,涉案专利相应权利要求是否仍可被维持有效,同时,还需要考虑如果进行修改的话,是否还可以依据修改后的权利要求提出侵权主张。

专利权人经过分析后决定对专利文件进行修改时,需要特别注意以下几方面的问题:

(1)对发明或者实用新型专利文件的修改应仅限于权利要求书,对于外观设计专利文件则不能修改。同时,对权利要求的修改,一是不能超过原始申请文件所公开的范围,二是不能扩大原授权专利的保护范围,三是不能增加未包含在授权权利要求书中的技术特征。

(2)无效宣告程序中对权利要求的修改只能以对权利要求的删除、合并以及对权利要求内技术方案的删除的方式进行。其中,对权利要求的合并只能针对从属于同一独立权利要求项下的两项或两项以上的从属权利要求进行,并且,在独立权利要求未作修改的情况下,不能对其从属权利要求合并。对技术方案的删除,是指从同

一权利要求中并列的两种以上技术方案中删除一种或一种以上技术方案。一般情况下，在权利要求中包括"或者"等表示两者或多者间择一选择的文字时，这种权利要求就有可能是包含两种以上技术方案的权利要求，如果被提出无效宣告的权利要求是这种权利要求的时候，就需要考虑一下删除技术方案这种修改方式。

（3）以删除权利要求或者权利要求中包括的技术方案的方式所作出的修改，一般在专利复审委员会作出审查决定之前均可作出；但是，专利权人只能在答复无效宣告请求书、答复请求人增加的新理由或者新证据以及答复专利复审委员会引入的新理由或者新证据的指定答复期限内进行合并式修改，期限届满后则只能以删除的方式修改权利要求。

（4）如果专利权人已经决定对专利文件修改，那么，最好考虑以合并的方式对权利要求修改。因为，这种修改方式可以把从属于同一独立权利要求的多个从属权利要求合并为一个权利要求，形成一个新的技术方案。这种新的权利要求很有可能可以克服无效宣告请求人所指出的涉案专利缺少新颖性、创造性，涉案专利独立权利要求缺少必要技术特征等缺陷，从而使得涉案专利不至于全部被无效。

二、防止禁止反悔原则被适用

前文提到，在无效宣告请求是由于专利侵权诉讼等侵权主张的提出而引发的情况下，被主张人（如被告）提出专利无效宣告请求的原因，一是希望能够无效掉涉案专利，另外就是即使在涉案专利被无效掉的可能性比较低的情况下，仍可以促使专利权人对其专利的保护范围进行限缩，以防止专利权人在侵权主张程序中随意通过对其权利要求进行扩大性解释而导致侵权主张成立。因此，专利权人在针对无效宣告请求书及其补充意见进行答辩时，需要特别谨慎小心，认真地分析一下其答辩内容是否对涉案专利的权利要求的保护范围构成了限缩，这样的限缩对其侵权主张是否会造成影响。需要特别说明的是，在一些无效宣告案件中，虽然专利权人在无效宣告程序中并未对涉案专利权利要求进行修改，但是，涉案专利权利要求是在专利复审委员会接受了专利权人的答辩意见的基础上才被维持有效的，也就是说，专利权人的答辩意见解决了无效宣告请求人所指出的专利文件中所存在的缺陷。在这种情况下，虽然权利要求未经过修改，但是，被维持的权利要求的保护范围却受到了专利权人答辩意见的限制，而且这一答辩意见可能会在后续的侵权主张程序（如专利侵权诉讼）中由被主张人通过主张"禁止反悔原则"来限制专利权人的侵权主张。因此，专利权人在进行答辩时，不能只单纯地为了克服无效宣告请求人所指出的缺陷而进行答辩，还应当尽量减少答辩对后续侵权主张程序所可能造成的不利影响。

一般来讲，专利权人答辩的内容越多，对其专利保护范围限缩的可能也就越大。但是，如果不答辩或者不进行实质性答辩，那么，就会不利于专利被维持有效。因此，笔者建议，专利权人在针对无效宣告请求及其补充意见进行答辩时，除了引入公知常识内容以外，尽量通过引入说明书所记载的内容来解释涉案专利不存在无效宣告请求及其补充意见中所提及的缺陷。例如，通过说明书所记载的其他内容来证明涉案专利不存在"说明书不清楚、不完整""权利要求不清楚"的问题。这样，由于专利权人的答辩内容主要引用的是说明书已经记载的内容和公知常识内容，因此，这样的答辩意见也就不会对专利的保护范围构成额外的限制，其作用相当于说明书的已经作用。

三、答辩时协调好各无效宣告理由之间的关系

《专利法》《专利法实施细则》所规定的各个无效宣告理由之间

看似相互独立、互不影响，但对于一些有经验的无效宣告请求人而言，却能够通过在具体案件中对各无效宣告理由的应用将各无效宣告理由有机地统一起来。无效宣告请求人所提出的一些无效宣告理由有时是"醉翁之意不在酒"，其对一些无效宣告理由的提出，其本意并不在这些无效理由上，而主要是为了其他无效宣告理由服务的。因此，专利权人在对无效宣告及其补充意见答辩时，应当甄别出这些"陷阱"，谨防陷入无效宣告请求人所设的"圈套"。专利权人在答辩时，应当尤其注意以下几方面：

（1）无效宣告请求人在提出"权利要求不清楚""说明书不清楚"这些无效宣告理由时，一方面，权利要求或者说明书确实存在不清楚的问题，从而导致无法确定权利要求的保护范围或者本领域的普通技术人员根据说明书的记载无法实现与权利要求相关的技术方案，无效宣告请求人提出这些无效宣告请求理由意在使专利权人作出清楚解释。另一方面，"权利要求不清楚""说明书不清楚"往往是由于权利要求所记载的或者说明书所公开的技术方案所记载的技术特征的不清楚而造成的。许多专利权人在针对无效宣告请求人所提出的上述无效宣告请求理由进行答辩时，经常会惯性地答复这些技术特征是本领域的公知常识，或者根据本领域的公知常识能够理解并清楚界定相关技术特征的含义。专利权人如果如此答辩，实际上也就间接地承认了权利要求所记载的相关技术特征属于公知常识，这就为无效宣告请求人所提出的新颖性或创造性这些无效宣告理由的成立创造了条件，无效宣告请求人因此可以免除证明对比文件公开上述技术特征的义务。虽然，关于这一点的合理性还值得商榷，专利复审委员会在作出无效宣告审查决定时也并不一定会遵循这种思路，但是，这至少在一定程度上会给专利权人构成限制，使其即使可以通过答辩克服专利所存在的"权利要求不清楚""说明书不清楚"这些缺陷，但也因此使其对其他无效宣告理由的答辩变得更困难。有经验的无效宣告请求人正是基于对这一点的认识，为了使"权利要求不具备新颖性、创造性"这些无效宣告理由能够顺利成立，往往会在这些无效宣告理由之前通过设置"权利要求不清楚""说明书不清楚"等其他无效宣告理由来进行"埋伏"。所以，对于专利权人而言，其在对无效宣告请求及其补充意见答辩时，需要甄别出这些"陷阱"，防止出现由于只关注对"权利要求不清楚""说明书不清楚"这些无效宣告理由的答辩而给其他无效宣告理由的答辩带来困难。

（2）专利权人在对"权利要求得不到说明书的支持""独立权利要求缺少必要技术特征""权利要求不清楚""说明书不清楚"等无效宣告理由进行答辩时，可能会引入涉案专利文件所没有明确记载的其他技术内容来阐述。这些技术内容大致可以分为两类：一类是公知常识，另一类是非公知常识。对于引入的公知常识，专利权人最好可以以涉案专利申请日以前已经公开的教科书、技术手册、技术词典等证据证明该技术内容的公知性，否则其有关公知常识的答辩可能不被认可。对于引入的非公知常识，由于其首先没有被涉案专利文件所公开，其次其不是公知常识，本领域的普通技术人员不能自然地想到将该公知常识与专利文件所公开的内容进行结合来实施涉案专利，因此，这类技术内容的引入即使可能会克服上面提及的各种缺陷，但紧接着却产生了另一问题，即说明书记载不完整问题。有经验的无效宣告请求人在意识到上述问题时，会补充新的无效宣告理由。由此可见，专利权人在对"权利要求得不到说明书的支持""独立权利要求缺少必要技术特征""权利要求不清楚""说明书不清楚"等无效宣告理由进行答辩时，应尽量通过引用说明书和权利要求书已经公开，说明书附图可以直接、毫无疑义地推导出的技术内容进行答辩。若要引入其他技术内容，则需要认真分析这些内容的引入是否会引起其他无效宣告理由的产生。

四、谨慎对各无效宣告理由作出答辩

专利权人在收到无效宣告请求人提出的无效宣告请求及其补充意见后，应当认真分析各项无效宣告理由的法律依据是什么、每一项无效宣告理由所涉及的权利要求是哪些、每一次无效宣告理由所依据的事实及证据是什么，分析所主张的事实与证据是否属实，并对证据的"三性"即合法性、关联性和真实性进行判断。在前述工作的基础上，进一步判断无效宣告请求人所主张的无效宣告理由是否符合《专利法》《专利法实施细则》的有关规定，最后形成正式的答辩意见。专利权人在对各无效宣告请求进行答辩时，需要注意以下问题：

（1）对于无效宣告请求人所提出的"独立权利要求缺少必要技术特征"这一无效宣告理由，专利权人首先应当确认无效宣告请求人所认定的该独立权利要求所要解决的技术问题是什么；然后，进一步确认该技术问题是否被明确记载在涉案专利的说明书中，如果该技术问题并未被专利文件所记载，那么，专利权人就可以以无效宣告请求人所指出的技术问题并非涉案专利所要解决的技术问题为由而主张"独立权利要求缺少必要技术特征"这一无效宣告理由不能成立。

如果该技术问题已经被专利文件所记载，那么，则需要进一步确认无效宣告请求人所指出的未被记载在独立权利要求中的技术特征是不是解决该技术问题所不可缺少的。如果所述技术特征虽未被记载在独立权利要求中，但是独立权利要求所记载的技术方案仍可以解决该技术问题，在这种情况下，可以主张该技术特征并非独立权利要求的必要技术特征。如果无效宣告请求人所指出的未被记载在独立权利要求中的技术特征是解决该技术问题的所不可缺少的技术特征，则需进一步确认该技术特征是不是与该独立权利要求所记载的技术方案对现有技术作出改进的部分有关的技术特征。如果不是，则仍可以主张该技术特征并非该独立权利要求的必要技术特征，这是因为权利要求只需要记载与对现有技术作出改进的内容相关的技术特征即可。

（2）对于无效宣告请求人所提出的"专利不具备新颖性"这一无效宣告理由，专利权人需要依次核实以下内容。

①对比文件的公开日期：确认用于评价新颖性的对比文件是现有技术还是抵触申请；如果是抵触申请，则需要进一步确定涉案专利的申请日是新修订的《专利法》正式实施之日（2009年10月1日）以前还是以后，并依据新、旧《专利法》的有关规定确定该对比文件是否可以用来评价新颖性。

②外文对比文件：对于对比文件是外文专利文件的情况，首先确认是否同时提交了中文译文，所述译文是否忠实于原文，如果译文有出入，则应当向专利复审委员会提出正确的译文或者请求专利复审委员会另行委托独立第三方进行翻译或者以证据的三性问题否定其证明力。如果无效宣告请求人所提交的译文是要求了该外文专利的优先权的中国专利申请，则仍可以依据上述原则来处理。对于外文对比文件是非专利文件的情况，则需要进一步核实该证据是否已经依据《民事诉讼法》的有关规定经过了公证、认证程序。

③对比方式：确认无效宣告请求人评价新颖性的对比方式是否将权利要求与一份对比文件进行单独对比；若是，则进一步确认权利要求是与一份对比文件中所公开的一个技术方案进行的对比，还是与多个技术方案进行的对比；如果是与多个技术方案进行的对比，则需要再进一步确认这些技术方案之间是否存在继承关系，若无继承关系，则不属于单纯对比方式。

④公开方式：确认涉案权利要求所记载的技术特征是被对比文件中的相关技术特征的直接文字公开，还是隐含公开；如果是隐含公

开，则需要进一步确定对比文件公开的内容与权利要求所记载的内容有无实质不同、无效宣告请求人在论述对比文件对涉案权利要求的技术特征构成分开时有无有意进行曲解；若有，则并不能证明对比文件已经公开了涉案权利要求。

（3）对于无效宣告请求人所提出的"专利不具备创造性"这一无效宣告理由，专利权人需要依次核实以下内容：

①对比文件的公开日期：确认用于评价创造性的对比文件是否为现有技术，是否包括了抵触申请。

②实际所要解决的技术问题的确定：首先，确认无效宣告请求人是否已经指出了最接近的现有技术；其次，确认相对于该最接近的现有技术，其对区别技术特征的确定是否正确；再次，确认无效宣告请求人所确定的已经被最接近的对比文件所公开的技术特征是被其中的一个技术方案所公开还是被多个技术方案所公开；最后，根据该区别技术特征所能达到的技术效果，确认其对涉案权利要求实际所要解决的技术问题是否正确。一般而言，发明实际解决的技术问题，是指为获得更好的技术效果而需对最接近的现有技术进行改进的技术任务，其实质是区别技术特征在涉案权利要求所记载的技术方案中所起到的作用。

③技术启示的确定：首先，确认区别技术特征是否真正被无效宣告请求人所指出的另一对比文件所公开；然后，确认该区别技术特征在另一对比文件中的相应技术方案中所要解决的技术问题与其在涉案权利要求中所要解决的技术问题是否相同；最后，确认最接近的现有技术与另一对比文件所属的技术领域是否相同、所要解决的技术问题以及所能实现的技术效果是否相同或相似，从而确认将两篇对比文件进行结合对于本领域的普通技术人员而言是否存在技术启示。

（4）关于公知常识与惯用技术手段这两个概念是无效宣告请求

人在无效宣告请求中经常使用的两个概念，也是经常容易混淆的两个概念。

公知常识用在创造性的评价中。如果无效宣告请求人在其无效宣告请求中主张使用公知常识，则专利权人首先需要确认无效宣告请求人是否提交了涉案专利申请日以前已经公开的教科书、技术手册或技术词典作为公知常识的证据，如果只是一篇学术论文、学术专著等，则不能主张公知常识，只能当做另一篇对比文件来使用；其次，需要确认该公知常识证据是否已经公开了区别技术特征；最后，需要确认区别技术特征在公知常识证据中所起的作用与其在涉案权利要求中所起的作用是否相同。

惯用技术手段在创造性与新颖性评价中均可以进行使用。在创造性评价中，惯用技术手段是主张公知常识的方式之一；在新颖性评价中，如果涉案权利要求与对比文件的区别仅仅是所属技术领域的惯用手段的直接置换，则该涉案权利要求不具备新颖性。

无效宣告程序中的证据适用

在无效宣告程序中,无效宣告请求人能否成功将涉案专利进行无效,一方面取决于其所提出的无效宣告理由是否指出了涉案专利的实质性缺陷,另一方面则取决于其无效宣告理由是否有证据支持、是否结合证据进行了具体说明。无效宣告程序是专利复审委员会就无效宣告请求人与专利权人之间就涉案专利是否应被无效进行审查的程序。虽然其类似于法官就当事人之间的纠纷进行审理的民事诉讼程序,但是其又与民事诉讼程序有着实质性的不同,尤其是在证据适用方面,《专利审查指南》专门就无效宣告程序中有关证据问题予以特别规定。这些规定中既有类似于民事诉讼程序中的证据适用规则的影子,又有无效宣告程序自己的特色。下面就结合民事诉讼程序中的证据规则,介绍无效宣告程序中的有特色的证据适用规则,并就如何在无效宣告程序中适用证据提出相应的建议。

一、无效宣告程序中的举证期限

《最高人民法院关于民事诉讼证据的若干规定》第33条规定:"人民法院应当在送达案件受理通知书和应诉通知书的同时向当事人送达举证通知书。举证通知书应当载明举证责任的分配原则与要求、可以向人民法院申请调查取证的情形、人民法院根据案件情况指定的举证期限以及逾期提供证据的法律后果。"同时,该条进一步规定:"举证期限可以由当事人协商一致,并经人民法院认可。由人民法院指定举证期限的,指定的期限不得少于三十日,自当事人收到案件受理通知书和应诉通知书的次日起计算。"

由此可见，在民事诉讼程序中，证据的举证期限一般可由当事人协商、人民法院认可来确定，也可以由人民法院直接进行指定。不管是哪种方式，一般情况下，每个民事诉讼案件的举证期限可能各不同，法律没有规定统一的举证期限；为了体现公平，民事诉讼程序中，双方当事人的举证期限都是一致的。然而，在无效宣告程序中，双方当事人的举证期限却各不同，《专利法实施细则》以及《专利审查指南2010》都进行了专门规定。

（一）无效宣告请求人的举证期限

《专利法实施细则》第65条规定："依照专利法第四十五条的规定，请求宣告专利权无效或者部分无效的，应当向专利复审委员会提交专利权无效宣告请求书和必要的证据一式两份。无效宣告请求书应当结合提交的所有证据，具体说明无效宣告请求的理由，并指明每项理由所依据的证据。"

《专利法实施细则》第67条又进一步规定："在专利复审委员会受理无效宣告请求后，请求人可以在提出无效宣告请求之日起1个月内增加理由或者补充证据。逾期增加理由或者补充证据的，专利复审委员会可以不予考虑。"

同时，《专利审查指南2010》第4部分第8章第4.3.1节又具体作出了如下规定：

（1）请求人在提出无效宣告请求之日起一个月内补充证据的，应当在该期限内结合该证据具体说明相关的无效宣告理由，否则，专利复审委员会不予考虑。

（2）请求人在提出无效宣告请求之日起一个月后补充证据的，专利复审委员会一般不予考虑，但下列情形除外：

（i）针对专利权人以合并方式修改的权利要求或者提交的反证，请求人在专利复审委员会指定的期限内补充证据，并在该期限内结合该证据具体说明相关无效宣告理由的；

(ii) 在口头审理辩论终结前提交技术词典、技术手册和教科书等所属技术领域中的公知常识性证据或者用于完善证据法定形式的公证文书、原件等证据，并在该期限内结合该证据具体说明相关无效宣告理由的。

(3) 请求人提交的证据是外文的，提交其中文译文的期限适用该证据的举证期限。

由此可见，无效宣告程序中，无效宣告请求人应当在以下两个阶段中完成举证：（1）无效宣告请求人提出无效宣告请求的同时进行举证；（2）无效宣告请求提出之日起一个月期限内进行补充证据。如果无效宣告请求人在这两个阶段之外提交证据，专利复审委员会一般都不会进行考虑。但是，仍有两个例外情况：（1）针对专利权人以合并方式对权利要求的修改以及针对专利权人的意见陈述进行反驳的反证证据可以在专利复审委员会指定的意见陈述期限内（通常为1个月）进行提交；（2）公知常识证据可以在无效宣告口头审理辩论终结前进行提交。

（二）专利权人的举证期限

《专利法实施细则》第68条第1款规定：

专利复审委员会应当将专利权无效宣告请求书和有关文件的副本送交专利权人，要求其在指定的期限内陈述意见。

同时，《专利审查指南2010》第4部分第8章第4.3.2节又具体作了如下规定：

专利权人应当在专利复审委员会指定的答复期限内提交证据，但对于技术词典、技术手册和教科书等所属技术领域中的公知常识性证据或者用于完善证据法定形式的公证文书、原件等证据，可以在口头审理辩论终结前补充。

专利权人提交或者补充证据的，应当在上述期限内对提交或者补充的证据具体说明。

专利权人提交的证据是外文的，提交其中文译文的期限适用该证据的举证期限。

专利权人提交或者补充证据不符合上述期限规定或者未在上述期限内对所提交或者补充的证据具体说明的，专利复审委员会不予考虑。

由此可见，专利权人的举证期限不同于无效宣告请求人的举证期限，其是专利复审委员会在转交无效宣告请求人提出的无效宣告请求书及其补充意见时所指定的答辩期。该答辩期一般为1个月，自专利权人接到专利复审委员会转交的无效宣告请求书或其补充意见书之日算起。专利权人在专利复审委员会指定的答辩期外提交证据的，专利复审委员会将不予考虑。当然，有关公知常识证据则可在无效宣告口头审查辩论终结前提交。

（三）无效宣告程序中的延期举证

《最高人民法院关于民事诉讼证据的若干规定》第36条规定：

当事人在举证期限内提交证据材料确有困难的，应当在举证期限内向人民法院申请延期举证，经人民法院准许，可以适当延长举证期限。当事人在延长的举证期限内提交证据材料仍有困难的，可以再次提出延期申请，是否准许由人民法院决定。

《专利审查指南》第4部分第8章第4.3.3节规定：

对于有证据表明因无法克服的困难在本章第4.3.1节和第4.3.2节所述期限内不能提交的证据，当事人可以在所述期限内书面请求延期提交。不允许延期提交明显不公平的，专利复审委员会应当允许延期提交。

通过对上述两个规定的对比可以看出，对于在举证期限内提交证据有困难的情况，《最高人民法院关于民事诉讼证据的若干规定》和《专利审查指南2010》都规定了可以申请延期举证，其条件是，一方面需要在举证期限内提出延期举证申请，另一方面就是需要说明或证明举证期限内不能提交证据的理由。此外,《最高人民法院关于民事诉讼证据的若干规定》还规定了在当事人在延长的举证期限内提交证据材料仍有困难的情况下,可以再次提出延期举证申请,而《专利审查指南2010》并未对此作出具体规定。

二、无效宣告程序中的调查收集取证

《民事诉讼法》第64条第2款规定:

当事人及其诉讼代理人因客观原因不能自行收集的证据,或者人民法院认为审理案件需要的证据,人民法院应当调查收集。

《最高人民法院关于民事诉讼证据的若干规定》对民事诉讼程序中的调查收集取证作了如下规定:

第十五条 《民事诉讼法》第六十四条规定的"人民法院认为审理案件需要的证据",是指以下情形:

(一)涉及可能有损国家利益、社会公共利益或者他人合法权益的事实;

(二)涉及依职权追加当事人、中止诉讼、终结诉讼、回避等与实体争议无关的程序事项。

第十六条 除本规定第十五条规定的情形外,人民法院调查收集证据,应当依当事人的申请进行。

第十七条 符合下列条件之一的,当事人及其诉讼代理人可以申请人民法院调查收集证据:

(一)申请调查收集的证据属于国家有关部门保存并须人民法院依职权调取的档案材料;

(二)涉及国家秘密、商业秘密、个人隐私的材料;

(三)当事人及其诉讼代理人确因客观原因不能自行收集的其他材料。

第十九条 当事人及其诉讼代理人申请人民法院调查收集证

据，不得迟于举证期限届满前七日。

人民法院对当事人及其诉讼代理人的申请不予准许的，应当向当事人或其诉讼代理人送达通知书。当事人及其诉讼代理人可以在收到通知书的次日起三日内向受理申请的人民法院书面申请复议一次。人民法院应当在收到复议申请之日起五日内作出答复。

而《专利审查指南2010》第4部分第8章第3节就专利复审委员会对证据的调查收集规定如下：

专利复审委员会一般不主动调查收集审查案件需要的证据。对当事人及其代理人确因客观原因不能自行收集的证据，应当事人在举证期限内提出的申请，专利复审委员会认为确有必要时，可以调查收集。

通过对上述规定对比分析，可以发现在调查收集取证方面，民事诉讼程序与专利无效宣告程序存在几方面的不同：

（1）在民事诉讼程序中，人民法院可依职权进行调取证据，也可依当事人及其诉讼代理人的申请来调取证据；而在专利无效宣告程序中，专利复审委员会一般不主动调取收集证据，但在特定情况下，可依当事人的申请来调查收集证据。

（2）在民事诉讼程序中，当事人及其诉讼代理人申请人民法院调查收集证据的，不得迟于举证期限届满前七日；而在专利无效宣告程序中，当事人申请专利复审委员会调查收集证据的，应当在举证期限内提出。

（3）《最高人民法院关于民事诉讼证据的若干规定》对当事人及其诉讼代理人可以申请人民法院调查收集证据的情况予以规定，包括三种情况，即：申请调查收集的证据属于国家有关部门保存并须人民法院依职权调取的档案材料；涉及国家秘密、商业秘密、个人隐私的材料；当事人及其诉讼代理人确因客观原因不能自行收集的其他材料。而《专利审查指南2010》并未就当事人可以申请专利复审委员会调查收集证据的情况作出具体规定。虽然当事人可以参照《最高人民法院关于民事诉讼证据的若干规定》的有关规定,但是,由于人民法院作为司法机关,有法定的向各国家机关、企事业单位调取收集证据的权利,而专利复审委员会则不具备这方面的职权,因此,专利复审委员会可调查收集证据的情形可能比人民法院要少一些。

(4)在民事诉讼程序中,人民法院对当事人及其诉讼代理人的调查收集证据的申请不予准许的,当事人及其诉讼代理人可以在收到通知书的次日起三日内向受理申请的人民法院书面申请复议一次;而在专利无效宣告程序中,对于专利复审委员会不予调查收集证据的情况,则不存在复议的机会。

三、无效宣告程序中的外文证据和域外证据

《最高人民法院关于民事诉讼证据的若干规定》第11条规定:

当事人向人民法院提供的证据系在中华人民共和国领域外形成的,该证据应当经所在国公证机关予以证明,并经中华人民共和国驻该国使领馆予以认证,或者履行中华人民共和国与该所在国订立的有关条约中规定的证明手续。

当事人向人民法院提供的证据是在香港、澳门、台湾地区形成的,应当履行相关的证明手续。

第12条规定:

当事人向人民法院提供外文书证或者外文说明资料,应当附有中文译本。

专利无效宣告程序是专利复审委员会就涉案专利是否应被无效进行审查的程序,在该程序中当事人所使用的用来证明其主张的证据绝大部分是一些专利文献,而在这些专利文献中,外文专利文献的

比例非常高。因此,《专利审查指南2010》就外文证据以及域外证据作出了比《最高人民法院关于民事诉讼证据的若干规定》更详细的规定。《专利审查指南2010》第4部分第8章第2.2.1节就外文证据作了详细的规定：

> 当事人提交外文证据的，应当提交中文译文，未在举证期限内提交中文译文的，该外文证据视为未提交。
>
> 当事人应当以书面方式提交中文译文，未以书面方式提交中文译文的，该中文译文视为未提交。
>
> 当事人可以仅提交外文证据的部分中文译文。该外文证据中没有提交中文译文的部分，不作为证据使用。但当事人应专利复审委员会的要求补充提交该外文证据其他部分的中文译文的除外。
>
> 对方当事人对中文译文内容有异议的，应当在指定的期限内对有异议的部分提交中文译文。没有提交中文译文的，视为无异议。
>
> 对中文译文出现异议时，双方当事人就异议部分达成一致意见的，以双方最终认可的中文译文为准。双方当事人未能就异议部分达成一致意见的，必要时，专利复审委员会可以委托翻译。双方当事人就委托翻译达成协议的，专利复审委员会可以委托双方当事人认可的翻译单位进行全文、所使用部分或者有异议部分的翻译。双方当事人就委托翻译达不成协议的，专利复审委员会可以自行委托专业翻译单位进行翻译。委托翻译所需翻译费用由双方当事人各承担50%；拒绝支付翻译费用的，视为其承认对方当事人提交的中文译文正确。

同时，《专利审查指南2010》第4部分第8章第2.2.2节就域外证据及形成于中国港、澳、台地区的证据作了详细的规定：

> 域外证据是指在中华人民共和国领域外形成的证据，该证据

应当经所在国公证机关予以证明，并经中华人民共和国驻该国使领馆予以认证，或者履行中华人民共和国与该所在国订立的有关条约中规定的证明手续。

当事人向专利复审委员会提供的证据是在香港、澳门、台湾地区形成的，应当履行相关的证明手续。

但是在以下三种情况下，对上述两类证据，当事人可以在无效宣告程序中不办理相关的证明手续：

（1）该证据是能够从除香港、澳门、台湾地区外的国内公共渠道获得的，如从专利局获得的国外专利文件，或者从公共图书馆获得的国外文献资料。

（2）有其他证据足以证明该证据真实性的。

（3）对方当事人认可该证据的真实性的。

根据上述规定，专利无效宣告程序中的当事人应注意以下几点：

（1）对于用于支持涉案专利不具备新颖性、创造性等无效宣告理由的外文对比文件，如果该外文对比文件是外文专利文献，则无效宣告请求人无需再办理公证和认证手续，经过翻译后，可以视为国内证据来使用。

（2）如果在无效宣告程序中所使用的证据是国外专利申请，但该申请在中国有要求了其国外优先权的中国国内申请，则可以直接以该中国国内申请作为该国外申请的中文译文来使用，但是，需要认真核实该中国国内申请在翻译上是否忠实于该国外申请原文的内容。如果有不忠实于国外申请原文内容的情况，而且该不忠实部分需要在专利无效程序中进行使用的，则需要对其进行重新翻译。

（3）在一些专利无效宣告案件中，有些当事人为了拖程序或者其他目的，会以对方当事人提交的外文证据的中文译文不准确为理由，要求进行委托翻译。为了提高外文证据翻译的准确性以及提高被对方当事人认可的可能性，可考虑将外文证据交由有翻译资质的独立第三方进行翻译并请该第三方出具翻译证明。

（4）对对方当事人提交的外文证据的中文译文有异议的，应当在专利复审委员会指定的答辩期限内就有异议的部分提交中文译文，否则将被视为没有异议。同时，专利复审委员会有专门的外部翻译结构，当事人在无法就有异议部分达成统一意见的情况下，可以请求专利复审委员会委托外部的翻译机构进行翻译。

四、经典案件评述

（一）97248479.5 号实用新型专利无效宣告审查决定

发明创造名称：一种高分断小型断路器。

申请号：97248479.5。

专利权人：正泰集团股份有限公司。

无效请求人：施耐德电气低压（天津）有限公司。

案由：

该无效宣告请求涉及中华人民共和国国家知识产权局于1999年6月2日授权公告的97248479.5号实用新型专利（以下简称该专利），其名称为"一种高分断小型断路器"，申请日为1997年11月11日，专利权人是正泰集团公司，于2006年3月17日变更为正泰集团股份有限公司，该专利授权公告时的权利要求书如下：

1. 一种高分断小型断路器，包括由手柄（1）和心轴（2）组成的操作机构、接线装置、包括动铁芯（14）和与动铁芯（14）相连的顶杆（15）的瞬时动作电流脱扣装置和由静触头（19）、动触头（20）、杠杆（5）、轴（6）、锁扣（7）、心轴（8）、跳扣（9）、心轴（10）、传动连杆（11）以及触头支持（4）组成的触头连动装置，其特征在于所述的操作机构还设有套嵌于心轴（2）和手柄（1）之间的摇臂（3）。

2. 如权利要求1所述的高分断小型断路器，其特征在于所述的摇臂（3）一端设有安装套孔（21），另一端顶部为圆弧面（22），其旁侧设有曲形限位器（23），触头支持（4）与圆弧面（22）对应处亦为相应的圆弧面。

3. 如权利要求1所述的高分断小型断路器，其特征在于所述的接线装置是由U字形接线板（16）和套装于该接线板的底板内的筒形接线座（17）组成，接线板（16）和接线座（17）的顶部对应处分别设有安装孔（26）和安装螺孔（27）。

4. 如权利要求1所述的高分断小型断路器，其特征在于所述的瞬时动作电流脱扣装置还设有钮簧（12）和套装于钮簧（12）中并与其一端相连的调节旋钮（13）。

施耐德电气低压（天津）有限公司（以下简称请求人）于2006年8月21日针对该专利权向专利复审委员会提交了专利权无效宣告请求书，认为该专利的权利要求1、2、4相对于证据2不具有新颖性；权利要求1相对于证据3不具有新颖性；权利要求1~4相对于证据3和4的结合不具有创造性；说明书未作出清楚、完整的说明，不符合《专利法》第26条第3款的规定，并提交了以下证据1~5：

证据1：该专利的授权公告说明书复印件共8页；

证据2：公开号为CN1186320A的中国发明专利申请公开说明书复印件（以下简称对比文件1）共10页，其公开日为1998年7月1日，申请日为1997年12月15日，优先权日为1996年12月23日，申请人为施耐德电器公司；

证据3：公开号为CN86107136A的中国发明专利申请公开说明书复印件（以下简称对比文件2）共22页，其公开日为1987年4月29日；

证据4：公开号为CN88103427A的中国发明专利申请公开说明书复印件（以下简称对比文件3）共13页，其公开日为1988年12月28日；

证据 5：对比文件 1 的法国优先权申请文本（公开号为 FR2757675）的复印件共 19 页，其中该优先权文本的申请日是 1996 年 12 月 23 日。

经形式审查合格后，专利复审委员会依法受理了上述请求，于 2006 年 8 月 22 日向双方当事人发出了无效宣告请求受理通知书，向浙江省温州市中级人民法院发出了无效案件审查状态通知书，并将无效宣告请求书及其附件清单中所列附件的副本转送给专利权人，要求其在指定的期限内答复。

专利权人针对请求人提出的无效宣告请求于 2006 年 9 月 13 日提交意见陈述书以及权利要求书修改替换页，其中修改后的权利要求书如下：

1. 一种高分断小型断路器，包括由手柄（1）和心轴（2）组成的操作机构、接线装置、包括动铁芯（14）和与（14）相连的顶杆（15）的瞬时动作电流脱扣装置和由静触头（19）、动触头（20）、杠杆（5）、轴（6）、锁扣（7）、心轴（8）、跳扣（9）、心轴（10）、传动连杆（11）以及触头支持（4）组成的触头连动装置，其特征在于，所述的操作机构还设有套嵌于心轴（2）和手柄（1）之间的摇臂（3），所述的摇臂（3）一端设有安装套孔（21），另一端顶部为圆弧面（22），其旁侧设有曲形限位器（23），触头支持（4）与圆弧面（22）对应处亦为相应的圆弧面。

2. 如权利要求 1 所述的高分断小型断路器，其特征在于，所述的接线装置是 U 字形接线板（16）和套装于该接线板的底板内的筒形接线座（17）组成，接线板（16）和接线座（17）的顶部对应处分别设有安装孔（26）和安装螺孔（27）。

3. 如权利要求 1 所述的高分断小型断路器，其特征在于，所述的瞬时动作电流脱扣装置还设有钮簧（12）和套装于钮簧

（12）中并与其一端相连的调节旋钮（13）。

专利权人认为：

（1）关于对比文件1。

对比文件1的中国申请日是1997年12月15日，公开日是1998年7月1日，均晚于该专利的申请日1997年11月11日，并且请求人提交的证据5是对比文件1的法国优先权申请文本，由于其公开日同样晚于该专利的申请日，两者都不符合专利法第22条第2款规定的在该专利申请日前公开的现有技术条件，不能用于评价该专利的新颖性。

（2）关于使用对比文件2评价该专利权利要求1的新颖性。

根据国家知识产权局于2005年7月8日出具的该专利检索报告中所指出的"权利要求1与对比文件1（即本案中的对比文件2）相比，其区别技术特征在于：权利要求1的触头连动装置中还包括心轴10。由附图1、4、5中可以看出该心轴与传动连杆11的一个端部相连，二者组成所述跳扣"，因此，该专利原权利要求1相对于对比文件2具有新颖性，修改后的权利要求1相对于对比文件2更具有新颖性。

（3）关于结合使用对比文件2和3评价该专利权利要求1~4的创造性。

根据国家知识产权局于2005年7月8日出具的该专利检索报告中所指出的"原权利要求2~4相对于影响权利要求创造性的对比文件1和2（即本案中的对比文件2和3）的组合，具有创造性"，因此，原权利要求2~4相对于对比文件2和3的结合具有创造性，修改后的权利要求1~3相对于对比文件2和3的结合也具有创造性。

（4）关于《专利法》第26条第3款。

该专利说明书结合八张附图，已经对该专利各部件及其相互关系的机械静态构成结构、动态动作过程或者操作过程作出了清楚、完整的描述，特别是对区别于现有技术的技术特征和附加技术特征在具体实施方式部分已经给予了足够详细的描述。对于该领域普通技术人员来说，通过阅读该专利的说明书，完全可以充分理解该专利的内容，并且能够将该专利实现，因此该专利的说明书符合《专利法》第 26 条第 3 款的规定。

请求人于 2006 年 9 月 20 日第一次补充提交证据及意见陈述，补充以下证据 6~24：

证据 6：对比文件 1 的法国优先权申请文件的中文译文共 5 页；

证据 7：公开号为 FR2616583A1、申请号为 8708037 的法国专利申请公开说明书首页的复印件及其中文译文各 1 页，其公开日为 1988 年 12 月 16 日，申请日为 1987 年 6 月 9 日；

证据 8：公开号为 EP0295158A1 的欧洲专利申请公开说明书复印件 15 页及其中文译文 7 页，其公开日 1988 年 12 月 14 日，优先权日为 1987 年 6 月 9 日，即证据 7 中的法国专利申请的申请日；

证据 9：公开号为 EP0224396A1 的欧洲专利申请公开说明书复印件 16 页及其中文译文 10 页，其公开日为 1986 年 10 月 13 日；

证据 10：C60 系列断路器产品的宣传彩页共 24 页；

证据 11：型号为 C60N 的产品结构图复印件及其中文译文各 1 页；

证据 12：法国人 Yves, Marcel, Pierre Marchand 关于证据 11 的证言复印件及其中文译文各 1 页；

证据 13：关于证据 11 的采购票据复印件及其中文译文各 4 页；

证据 14：ASTA 证明服务机构提供的关于型号为 C60H 产品的第 11533 号证明复印件共 10 页，以及该证明文件的部分中文译文共 4 页；

证据 15：ASTA 证明服务机构提供的关于型号为 C60H 产品的 11535 号证明复印件共 9 页，以及该证明文件的部分中文译文共

4 页；

证据 16：ASEFA 证明机构提供的第 K11－95－63 号测试证明复印件共 9 页，以及该证明文件的部分中文译文共 4 页；

证据 17：ASEFA 证明机构提供的第 22.211 号测试证明复印件共 1 页，以及该证明文件的中文译文共 1 页；

证据 18：ASTA 证明服务机构提供的关于型号为 C60H 产品的第 11533 号证明的全文复印件共 86 页；

证据 19：中国机床总公司经销 C60 系列断路器产品的各类文件复印件及其部分中文译文，共 156 页，其中包括：

19.1　周某于 2006 年 9 月 14 日出具的中国机床总公司从 1994 年开始经销法国梅兰日兰 C60 系列断路器产品的证言复印件 1 页；

19.2　第 D 040217 号和第 9461832 号机电产品进口登记表复印件各 1 页；

19.3　机电产品进口申请表附表复印件共 2 页；

19.4　机电产品进出口明细表复印件共 1 页；

19.5　货位商品综合查询的表单复印件共 5 页；

19.6　手写草稿复印件共 1 页，其上没有任何文字说明；

19.7　印有 Schneider Electric DCBJ 字样的英文表单复印件共 8 页；

19.8　施耐德（香港）有限公司印制的第 177790、168445、168446、168447、168449、166002 号发票复印件各 1 页及其各自的中文译文各 1 页，第 168448、165825 号发票复印件各 2 页及其各自的中文译文各 2 页，第 142578/03 号交货单复印件及其中文译文各 1 页；

19.9　信函复印件共 4 页；

19.10　发票号为 177790 的施耐德集团装箱单复印件及其中文译文各 1 页；

19.11 中国机床总公司授权给神龙汽车有限公司的第960808号授权委托书复印件共1页；

19.12 产品照片复印件共26页；

19.13 单位往来明细账单复印件共5页；

19.14 记账凭证、电划贷方补充报单第三联、资金往来专用发票以及进账单复印件共16页；

19.15 中国机床总公司和神龙汽车有限公司于武汉神龙汽车有限公司签订的合同号为95DCAC/SN230的《增订动力母线、照明母线及辅件设备供货合同》复印件共36页，签约时间为1995年3月28日；

19.16 中国机床总公司和神龙汽车有限公司于武汉神龙汽车有限公司签订的合同号为95DCAC/SN351的《武汉工厂和襄樊工厂动力母线、插接箱和非标件设备供货合同》复印件共24页，签约时间为1995年7月31日；

证据20：C65系列和C60系列订货号对照说明表复印件共21页；

证据21：公开号为EP0452230B1的欧洲专利公开说明书复印件共15页及其部分中文译文共3页，其公开日为1994年12月7日；

证据22：公开号为FR2676860A1的法国专利公开说明书复印件共13页及其部分中文译文共2页，其公开日为1992年11月27日；

证据23：公开号为EP0378030B1的欧洲专利公开说明书复印件共12页及其部分中文译文共3页，其公开日为1994年4月27日；

证据24：放大的神龙汽车有限公司门牌照片以及产品照片复印件共12页。

请求人将所提供的证据分为六组证据评述该专利：第一组证据包括证据2、3、4；第二组证据包括证据5、6、7、8、9；第三组证据包括证据11、12、13；第四组证据包括证据10、14、15、16、17、

18；第五组证据包括证据 19、20、24；第六组证据包括证据 21、22、23。

请求人在第一次意见陈述中相对于其提交无效宣告请求时新增的无效理由有：权利要求 1、2 和 4 相对于第三组证据不具有新颖性；权利要求 1、2 和 4 相对于第五组证据不具有新颖性；权利要求 4 相对于对比文件 2 和 3 以及证据 23 的结合不具有创造性。其中，第三组证据中的证据 11、12、13 表明 C60N 产品的内部结构图已经在 1996 年印制了 7500 份，以便广泛散发给展览会、经销商和电气商，表明该宣传画可以作为公开出版物，该宣传画中显示的结构已经揭示了权利要求 1、2 和 4 的所有特征；第五组证据中的证据 19、20、24 表明 C60L、C60N 和 C60H 产品已在 1995、1996 年在中国公开使用，C60L 的结构已经揭示了权利要求 1、2 和 4 的所有特征，C60L、C60N 和 C60H 产品的内部结构参见证据 16 的 ASEFA 证明机构提供的第 K11-95-63 号测试证明中的结构图；证据 22 公开了用于断路器的电磁脱扣装置，证据 23 公开了用于断路器的微调机构，其包括调节螺钮（58）和扫簧（48），即公开了权利要求 4 的附加技术特征，因此权利要求 4 相对于对比文件 2 和 3 以及证据 23 的结合不具有创造性。

请求人于 2006 年 9 月 21 日第二次补充提交证据及意见陈述，补充以下证据 25 和证据 25-1：

证据 25：香港律师邓某签名的订货清单复印件共 6 页，以及发票查询清单及其中文译文各 6 页；

证据 25-1：由香港律师邓某监证的证明人林某提供的关于证据 25 的证言复印件共 4 页。

请求人在第二意见陈述中相对于其第一次补交证据时新增的无效理由有：权利要求 1、2 和 4 相对于公知常识没有新颖性。

2006 年 9 月 21 日，请求人第三次补充证据，没有陈述意见，补充以下证据 22 – 1 和证据 23 – 1：

证据 22 – 1：证据 22 的部分中文译文共 3 页；

证据 23 – 1：证据 23 的部分中文译文共 3 页。

2006 年 9 月 21 日，请求人第四次提交补充证据，没有陈述意见。补充以下证据 25 – 2：

证据 25 – 2：加盖中华人民共和国司法部委托香港律师办理内地使用的公证文书转递专用章的证明人林某提供的关于证据 25 的证言复印件共 4 页，及香港律师邓某签名的订货清单复印件共 6 页。

请求人于 2006 年 9 月 21 日第五次补充证据，没有陈述意见。补充以下证据 19 – 1、19 – 2 以及证据 24 – 1、24 – 2：

证据 19 – 1：（2006）京海民证字第 3560 号公证书复印件共 5 页，证明与该公证书相粘连的《公证处接谈笔录》复印件与原件相符，所附《证言》复印件与原件相符，并且这两份原件上中国机床总公司之印鉴及周某本人签名均属实；

证据 19 – 2：（2006）京海民证字第 3561 号公证书复印件共 132 页，证明与该公证书粘连的《企业法人营业执照（副本）》《授权委托书》及合同、票据复印件与原件相符，所附照片二十五张为公证人员拍摄，照片内容与实际情况相符，该公证书中所附附件如下：

19 – 2.1 中国机床总公司企业法人营业执照复印件共 2 页；

19 – 2.2 中国机床总公司授权给神龙汽车有限公司的第 960808 号授权委托书复印件共 1 页；

19 – 2.3 中国机床总公司和神龙汽车有限公司于武汉神龙汽车有限公司签订的合同号为 95DCAC/SN230 的《增订动力母线、照明母线及辅件设备供货合同》复印件共 36 页，签约时间为 1995 年 3 月 28 日；

19 – 2.4 中国机床总公司和神龙汽车有限公司于武汉神龙汽车有限公司签订的合同号为 95DCAC/SN351 的《武汉工厂和襄樊工厂

动力母线、插接箱和非标件设备供货合同》复印件共24页，签约时间为1995年7月31日；

19-2.5　第D 040217号和第9461832号机电产品进口登记表复印件各1页；

19-2.6　机电产品进口申请表附表复印件共2页；

19-2.7　机电产品进出口明细表复印件共1页；

19-2.8　货位商品综合查询的表单复印件共5页；

19-2.9　手写草稿复印件共1页；

19-2.10　印有Schneider Electric DCBJ字样的英文表单复印件共8页；

19-2.11　施耐德（香港）有限公司印制的第177790号发票复印件共1页；

19-2.12　信函复印件共4页；

19-2.13　施耐德（香港）有限公司印制的第168445、168446、168447号发票复印件各1页，第168448号发票复印件共2页，第168449号发票复印件共1页；

19-2.14　记账凭证、电划贷方补充报单第三联、资金往来专用发票以及进账单复印件共16页；

19-2.15　第165825号发票复印件共2页，第166002号发票复印件共1页，第142578/03交货单复印件共1页；

19-2.16　单位往来明细表单复印件共5页；

19-2.17　分别粘贴在12页纸上的25张照片复印件；

证据24-1：（2006）京海民证字第3562号公证书复印件共4页，证明与该公证书相粘连的《公证处询问笔录》复印件与原件相符，原件上宋某本人签名属实，所附《身份证抄录、工作证抄录》内容与实际情况相符；

证据24-2：（2006）京海民证字第3563号公证书复印件共8

页，证明与该公证书相粘连的照片十一张为公证员拍摄，照片内容与实际情况相符。

2006年10月20日，专利复审委员会向双方当事人发出了口头审理通知书，定于2006年12月12日对该专利进行口头审理，并将请求人于2006年9月20日第一次补充提交的意见陈述书及其所附附件转送给专利权人，将专利权人于2006年9月13日提交的意见陈述书以及权利要求书的修改替换页转送给请求人。

2006年10月26日，专利复审委员会将请求人于2006年9月21日第二次、第三次和第四次补充提交的意见陈述书及其所附附件转送给专利权人。

请求人于2006年11月13日第六次补充证据，没有陈述意见。补充以下证据：

证据10-2：证据10的公证文件复印件及其译文各3页；

证据11-2：证据11的公证文件复印件8页及其译文2页；

证据12-2：证据12的公证文件复印件及其译文各1页；

证据13-2：证据13的第1、2和4页的公证文件复印件及其译文各3页；

证据14-2：证据14和18的公证文件复印件及其译文各5页；

证据15-2：证据15的公证文件复印件及其译文各5页；

证据16-2：证据16的公证文件复印件及其译文各3页；

证据17-2：证据17的公证文件复印件及其译文各1页；

2006年11月17日，专利复审委员会将请求人于2006年9月21日第五次提交的附件转送给专利权人。

2006年11月23日，专利复审委员会再次向双方当事人发出了口头审理通知书，将原定于2006年12月12日进行的口头审理变更为2006年12月15日进行。

2006年12月4日，专利权人针对专利复审委员会于2006年10

月 20 日发出的无效宣告请求口头审理通知书及其附件以及专利复审委员会于 2006 年 10 月 20 日、11 月 17 日发出转送文件通知书及其所附的请求人提交的附件提交意见陈述书,并提交以下附件:

附件 1:国家知识产权局针对 ZL97248479.5 号实用新型专利作出的检索报告复印件共 5 页。

2006 年 12 月 7 日,专利复审委员会将请求人于 2006 年 11 月 13 日第六次提交的附件转送给专利权人。

口头审理分别于 2006 年 12 月 15 日、19 日和 20 日举行,在开庭前,合议组将专利权人于 2006 年 12 月 4 日提交的意见陈述书及附件转送给请求人,口头审理中,双方当事人对对方出庭人员的身份没有异议;在 2006 年 12 月 15 日开庭时双方当事人对合议组成员没有回避请求,对合议组成员的变更没有异议;请求人的证人未能出席口头审理;专利权人当庭提交反证,合议组当庭转给请求人;请求人当庭提交证据 10、证据 15~18 的公证书文件,证据 13 的第 3 页的公证文件的译文,证据 10~18、证据 19－1、19－2、24－1、24－2 以及证据 25 的原件,合议组当庭转给专利权人。在口头审理当中涉及的主要内容如下。

①合议组当庭告知双方当事人:专利权人修改的权利要求符合《专利法》和《专利法实施细则》以及《审查指南》的有关规定,该次口头审理以修改后的权利要求 1~3 为基础进行;请求人对未使用但表示不放弃的证据必须作出明确的陈述,如果请求人既不使用这些证据又不进行具体的阐述,合议组视为请求人放弃这些证据。请求人当庭表示对此没有异议,但请求人明确表示在评述本专利的过程中未使用的证据均不放弃。

②请求人当庭明确其无效理由为:使用对比文件 1 评述权利要求 1、3 的新颖性;使用第三组证据评述权利要求 1、3 的新颖性;使用第五组证据评述权利要求 1、3 的新颖性;使用第三组证据及公知常

识评述权利要求 2 的创造性；使用第五组证据及公知常识评述权利要求 2 的创造性；说明书的内容没有作出清楚完整的说明，不符合《专利法》第 26 条第 3 款的规定。

③请求人表示证据 5 是对比文件 1 的优先权文本，用于理解对比文件 1，仅用于参考；请求人表示证据 10 在举证期限之内没有提交译文，而 ASTA 公证的内容以举证期限内提交的为准。

④专利权人当庭确认收到证据 1~25，对于证据 14~18 的 ASTA 或者 ASEFA 的证明是在举证期限内提交的，专利权人对此没有异议；专利权人认为对比文件 1 是在先申请，对对比文件 1 本身的真实性没有异议，但只能用于评价该专利的新颖性，对对比文件 2、3 的真实性没有异议。

⑤请求人当庭提交证据 11~13 的原件并指出：使用证据 11~13 形成证据链，认为证据 11 是公开出版物，证据 12 是印刷者的证言，证据 13 是施耐德公司制作这些海报所发账单的确认订购单和海报制作者的发票，从上述证据 11~13 的编号、数量、价格上可以形成证据链，证明证据 11 是该专利申请日前公开的公开出版物。专利权人当庭表示对证据 11 本身的真实性有异议，对证据 11 本身的中文译文没有异议，对证据 11 的认证书没有异议，但认为提交的证据 11 本身不是原件，原件应该是彩色的，无法核实上面的文字是后期打印还是后期有人写上的，证据 11 中宣传画显示年份的字体和其他的所有字体完全不一样，时间显示到了分钟，不符合印刷品的常规，该宣传画中还有手写字体，不符合印刷品的常规，所公证内容与公证的章是分离的，无法证明是公证机构的公证内容；专利权人认为证据 12 的公证书本身公证内容跟公证的章是分离的，对证据 12 的证人证言本身的译文没有异议，对证据 12-2 的公证书译文没有异议，但对其真实性有异议，认为认证书和公证书没有原件；专利权人认为从证据 13 中看不到法国外交部的签字，公证内容与公证的章无关联

性,没有指明对哪部分进行了公证,认证仅是对公证章的属实性进行核实,没有对证明的内容进行任何核实,只对证人本身的签名进行了认证,没有对原件的属实性进行认证,认为公证认证的复印件和原文中加盖章的位置不对应,证据11~13都存在相同的问题。

⑥请求人当庭提交证据19、24-1、24-2、25的公证书原件。专利权人当庭表示对证据19的公证书本身的真实性没有异议,认为周某证人证言的复印件与原件一致,但对证人证言本身内容的真实性有异议,对该公证书所附证据的真实性有异议,对证据19中的中文译文没有异议;对证据20的真实性、关联性都有异议;对证据24-1、24-2的公证书本身的真实性没有异议,对证明的内容有异议;对证据25的公证书本身没有异议,对证据25的证人证言的真实性有异议。

⑦请求人使用第五组证据(包括证据19、20、24、25)形成证据链,认为第五组证据说明C60系列断路器在本专利的申请日之前在国内已经公开使用。其中证据19证明了中国机床总公司从施耐德香港分公司进口了C60系列产品,并且证明中国机床总公司向神龙公司销售了C60产品,销售和进口行为都是在1996年之前。其中的进口行为使用证人证言、机电产品登记表、申请表、中国机床总公司从施耐德香港分公司进口断路器产品的装箱单和发票来证明,中国机床总公司与神龙公司之间的销售行为用以下证据证明:中国机床总公司跟神龙公司之间的往来明细账、记账凭证、发票、进账单、电汇补充报单、从银行汇款的票据、中国机床总公司跟神龙公司之间两份合同95DCAC/SN230和95DCAC/SN351及其各自的附件,证据19总体证明C60系列产品在中国公开使用;第五组证据中没有反映产品的结构,借助证据11及证据16中提到的C60N和C60L,这两种型号产品的结构可以参见证据11中提到C60N的结构,而证据16的图与证据11的图是一样的,从证据16中可看出C60L,A,H,

N系列产品的结构。

⑧专利权人当庭提交的作为反证的证据如下：

反证1：中国机床总公司企业法人营业执照复印件共4页；

反证2：北京智能电气有限责任公司一九九九年度公司年检报告书复印件共5页；

反证3：北京智能电气有限责任公司企业法人营业执照复印件共1页；

反证4：北京市工商局东城分局针对北京智能电气有限责任公司提交虚假资产负债表而作出的京工商东处字（2002）第0806号行政处罚决定书复印件共2页；

反证5：作为施耐德电气（中国）投资有限公司指定分销商的北京智能电气有限责任公司的门面彩色照片及其彩色放大页各1页；

反证6：外经贸资审字（1992）19号中外合资经营企业批准证书复印件共6页，其中包括企业基本情况表和出资情况表；

反证7包括：

反证7-1：（2006）武证开字第306号公证书复印件共5页，证明与该公证书相粘连的《武汉市公证处谈话笔录》（共3页）的复印件与原件内容相符，原件上李某的签名属实；

反证7-2：（2006）武证开字第307号公证书复印件共5页，证明与该公证书相粘连的《武汉市公证处谈话笔录》（共3页）的复印件与原件内容相符，原件上李某的签名属实；

反证7-3：神龙公司访客接待流程照片放大页复印件共1页；

反证8：ASTA第7号声明部分内容及其译文；

反证9：在ASTA网站上的查询、答复信息打印页及其译文各2页。

专利权人表示，其于2006年12月4日提交的附件1是实用新型检索报告，根据现有技术评价本实用新型是否具有新颖性、创造性，作为参考；反证1的中国机床总公司的营业执照证明中国机床总公司的地址没有变更过，一直在北京市方家胡同19号，第3560、3561号公证对周某取证的地址是在北京市东城区雍和宫大街52号，即在北京智能电气有限公司；反证2是公司年检报告书，证明周某是法人，其下属公司北京智能电子有限公司是施耐德电气（中国）投资有限公司的指定分销商，证明周某和请求人之间的利害关系；反证3为北京智能电气有限公司营业执照，证明该公司住所是东城区雍和宫大街52号，周某就是法人；反证4证明周某作为法人代表的北京智能电气有限责任公司曾因作假受过工商行政处罚，说明周某的证言公信力低；反证5的照片证明北京智能电子有限公司是施耐德电气（中国）投资有限公司的指定分销商，但在此作出了对中国机床总公司的公证，说明公证本身存在矛盾；反证6涉及神龙汽车有限公司企业基本情况，证明该公司是合资企业，作为法国投资的公司在银行贷款时必须向法国购买设备；反证7是证明控制柜的钥匙有专人管理，非一般公众能够到达控制柜内。专利权人当庭明确放弃使用反证8、9。

请求人当庭核实上述反证的原件，并表示对公证书本身的真实性没有异议，但对其与本专利的关联性有异议。

口头审理结束之后，专利权人于2007年2月17日提交了更正错误请求书以及权利要求书修改替换页，专利权人请求对其于2006年9月13日提交的权利要求中修改明显的打字错误，在权利要求1中将"包括动铁芯（14）和与（14）相连的顶杆（15）"修改为"包括动铁芯（14）和与动铁心（14）相连的顶杆（15）"。修改后的权利要求1如下：

一种高分断小型断路器，包括由手柄（1）和心轴（2）组成的操作机构、接线装置、包括动铁芯（14）和与动铁心（14）相连的顶杆（15）的瞬时动作电流脱扣装置和由静触头（19）、动触头（20）、杠杆（5）、轴（6）、锁扣（7）、心轴（8）、跳扣（9）、心轴（10）、传动连杆（11）以及触头支持（4）组成的触头连动装置，其特征在于，所述的操作机构还设有套嵌于心轴（2）和手柄（1）之间的摇臂（3），所述的摇臂（3）一端设有安装套孔（21），另一端顶部为圆弧面（22），其旁侧设有曲形限位器（23），触头支持（4）与圆弧面（22）对应处亦为相应的圆弧面。

专利复审委员会于2007年3月2日将专利权人提交的更正错误请求书及其所附的权利要求书修改替换页转送给请求人。

请求人没有提交其所提交的所有证据的详细清单，特别是没有提供证据19的详细清单。

至此，合议组认为该专利事实已经调查清楚，现依法作出审查决定。决定的理由如下：

（1）审查文本。

专利权人于2006年9月13日提交意见陈述书时对权利要求书的修改符合《专利法》第33条和《专利法实施细则》第68条的规定，但新修改的权利要求1中的如下描述"动铁芯（14）和与（14）相连"中明显漏掉了"动铁芯"一词，而专利权人于2007年2月17日提交的权利要求1的"动铁芯（14）和与动铁心（14）相连"中又将"芯"写成了"心"，这明显是笔误，其正确的内容应为"动铁芯（14）和与动铁芯（14）相连"，因此，该决定所依据的权利要求书是专利权人于2007年2月17日提交的权利要求第1~3项，权利要求1中的明显笔误处以上述正确内容为准。

（2）关于证据。

由于请求人在口头审理过程中明确其使用的证据为第一组证据中的对比文件1、第三组和第五组证据，并且请求人没有具体说明如何使用其余的第二组、第四组和第六组证据来评价该专利的新颖性或者创造性,而合议组在口头审理过程中已明确告知请求人,如果请求人不具体陈述其余证据是如何使用的,则合议组视为请求人放弃其他证据,所以在该决定中不再对第二组、第四组和第六组证据进行评述。

①关于第一组证据:请求人提交的对比文件 1 的申请日是 1997 年 12 月 15 日,公开日是 1998 年 7 月 1 日,均晚于该专利的申请日 1997 年 11 月 11 日,但对比文件 1 的法国优先权申请的申请日为 1996 年 12 月 23 日,早于该专利的申请日,并且请求人提交了作为对比文件 1 的法国优先权文本的证据 5 及其中文译文,证明对比文件 1 的法国优先权成立,对此专利权人没有提出异议,因此根据外国优先权的效力,对比文件 1 可以作为评价本专利新颖性的证据。由于请求人在口头审理过程中明确的无效理由中只使用第一组证据中的对比文件 1 来评述该专利的新颖性,而且没有就该专利相对于对比文件 2 和 3 的新颖性和创造性问题进行陈述,所以在该决定中只评述该专利相对于对比文件 1 是否具有新颖性的问题。

②关于第三组证据:第三组证据包括证据 11~13。请求人使用证据 11~13 形成证据链,认为证据 11 的宣传画上的"26/11/96 16:54"是该宣传画的出版日,属于公开出版物;证据 12 是印刷者的证言,在该证言中提到了出版日和编号,该编号是宣传画的编号 FRAED196052FR. ART75902;证据 13 的第 1、2 页是采购确认单,确认单上有编号 FRAED196052FR. ART75902,采购数量是 7500 份,价格是 31 750 法郎,证据 13 的第 3 页是另一份确认单,是海报的确认单,价格为 1 480.5 法郎,有采购单的号 484H6468 690394 AFS,证据 13 第 1、2、3 页中采购单的号都是一致的,都是 484H6468 690394 AFS。

专利权人认为证据 11 中的"26/11/96 16:54"并不是该宣传画的公开出版时间,其字体与该宣传画的其他字体不一致,时间具体到分钟不符合一般宣传海报的方式，证据11中有手写的字迹；证据12的证言的真实性无法核实，不能证明宣传画的制作者与印制者之间的关联性；证据13没有提供印刷者的合法性，以及何时公开发行的证据，并且与证据19不能相互佐证，产品的宣传画并不是专利法意义上的公开出版物，宣传画没有公开出版日期，宣传画中的产品并不能处于公众所知的状态，宣传画印制的广告本身不能作为现有技术，不能独立的评价本专利的新颖性、创造性，在国外通过展览会、经销商等散发的宣传画属于"以其他方式公开"，不适用中国专利法关于新颖性的规定，所以专利权人认为第三组证据不能证明证据11记载的内容与本专利保护的技术方案关联。

根据《专利审查指南2010》第2部分第3章第2.1.3.1节规定：专利法意义上的出版物是指记载有技术或设计内容的独立存在的传播载体，并且应当表明或者有其他证据证明其公开发表或出版的时间。

合议组认为，证据11是一份产品宣传册，属于企业的广告宣传材料，不像法定的公开出版物那样具有严格的出版发行程序，具有一定的随意性，其公开日期无法确认，应有相应的能够证明其印制时间、地点、承印人、发行方式以及相应的客观存在的原始文件、票据，或有能够证明其公开时间、公开地点、公开方式等的证据进行佐证。

就第三组证据而言，在证据11中，在该宣传画的左上角有印有"26/11/96 16:54"字样，其字体明显不同于该宣传画的其他地方的字体，在该宣传画的左侧印有"C60N"、"C10"以及"24175"等字样，以及在该宣传画右侧的"DOSSIER No."栏中有手写的"36429"字样；在证据12中，其证人证言所涉及的内容有"1996年11月26日展示"、"C60电路断路器"和编号"FRAED196052FR.ART75902"；证据13是施耐德公司制作这些海报所发账单的确认订购单和海报制作者的发票，证据13第1、2页为采购确认单，确认采购单上有编号

"FRAED196052FR. ART75902",产品名称为"C60",采购数量是7500份,价格31 750法郎,第3页是另一份确认单,其中的编号"484H6448"被涂改为"484H6468",DOSSIER No. 栏为"36429"。

由此可见,证据12与证据11相关的内容仅有"1996年11月26日展示"、"C60电路断路器"这两处。由请求人所提供的产品型号对照表可知,C60系列产品包括C60L、C60N、C60H等型号种类,而C60L、C60N、C60H又分别包括若干个子型号,如,C60N 1P 10A C等,可见证据12中提到的"C60电路断路器"与证据11中的"C60N"并不是唯一对应的,也就是说,证据12的证人证言中所说的"C60电路断路器"并不必然是指证据11中的"C60N";再有,由于证据11中标有"26/11/96 16:54"字样的字体明显不同于该宣传画的其他地方的字体,因此仅凭证据12中的"1996年11月26日展示"也不能唯一得出证据12与证据11相关联的结论;而且,证据12中提到的是展示时间,根据常理,证据11的宣传画中的"26/11/96 16:54"应当是该宣传画的样本制作时间或者传真发送时间,但不可能是证据11的公开时间。综上所述,仅凭证据12的证人证言中提到的"1996年11月26日展示"、"C60电路断路器"等内容并不足以证明证据12和证据11相关联,证据11和12的关联性还需要其他证据来进行佐证。

证据13与证据11相关的内容有"C60"和"DOSSIER No. 36429"这两处。关于"C60",上面已经进行过论述,其与证据11中的"C60N"并不是唯一对应的;至于"DOSSIER No. 36429",由于证据11来源于请求人一方,且在证据11中DOSSIER No. 栏为手写体,因此该内容存在较大的随意性,例如,证据13的第3页确认单中的编号"484H6448"就被涂改为"484H6468",这些手写体的真实性无法核实,必须依赖于其他旁证予以佐证,不能仅凭证据11与证据13中都有"DOSSIER No. 36429"就得出证据13与证据11

相关联的结论。

基于上述理由，证据11、12、13相互之间没有足够的证据证明其相互之间的关联性，而请求人也没有指出用其他证据来佐证证据11、12、13之间的关联性，因此，仅凭证据11、12、13并不能证明证据11公开出版的时间，请求人也没有证据进一步证明证据11的公开时间、公开地点以及公开方式等，因此证据11、12、13不能证明证据11属于专利法意义上的公开出版物，所以合议组认为证据11、12、13不能作为评价该专利新颖性或创造性的证据。

③关于第五组证据：第五组证据包括证据19、20、24、25。请求人用第五组证据说明C60系列断路器在国内公开使用。证据19证明了中国机床总公司从施耐德香港分公司进口了C60系列产品，并且证明中国机床总公司向神龙公司销售了C60产品，销售和进口行为都是在1996年之前。其中的进口行为使用证人证言、机电产品登记表、申请表、中国机床总公司从施耐德香港分公司进口断路器产品的装箱单和发票及施耐德公司销售的电子存储记录来证明，中国机床总公司与神龙公司之间的销售行为用以下证据证明：中国机床总公司与神龙公司之间的往来明细账、记账凭证、发票、进账单、电汇补充报单、从银行汇款的票据、中国机床总公司与神龙公司之间两份合同95DCAC/SN230和95DCAC/SN351及其各自的附件。证据19总体证明C60系列产品在中国公开使用；第五组证据中没有反映C60系列产品的结构，借助证据11及证据16，第五组证据里提到了C60N和C60L，这两个型号产品的结构可以使用证据11中显示的C60N的结构以及证据16中显示的C60系列产品的结构，证据16中提到了C60a，N，H，L。

请求人在口头审理中仅就证据19中的如下证据所能证明的事实进行了具体陈述：两份合同（证据19-2.3、证据19-2.4）中的两份委托书，证言（证据19-1），25张照片（证据19-2.17），神龙汽车公司的往来明细5张（证据19-2.16），编号为0049机床总公司的记账凭证、编号为0646的记账凭证、编号为2607292的补充报单、编号为0220的记账凭证、与0220号记账凭证对应一个没有编号的进账单、编号为2864860的发票、编号为0222的记账凭证、与编号为0222的记账凭证对应的一个没有编号的进账单、编号为0824的记账凭证、与编号为0824的记账凭证对应的一个补充报单、编号为2864509的专用发票、编号为0247的记账凭证、编号为0289454的专用发票（上述证据均是证据19-2.14中的证据），证据19-2.5、证据19-2.6，证据19-2.7、证据19-2.8、177790号装箱单（证据19.10）及其中文译文、第177790号发票及第168445至168449号发票（证据19-2.13）。因此，合议组仅对证据19中的上述证据的真实性、关联性进行评述。

A. 关于证明进口行为的证据。

请求人使用证人证言、机电产品登记表、申请表、中国机床总公司从施耐德香港分公司进口断路器产品的装箱单和发票、施耐德公司销售的电子存储记录来证明C60N、C60H、C60L被进口到内地，即证明进口行为的这组证据包括证据19-1、19-2.5、19-2.6、19-2.7、19-2.8、19.10、19-2.13、证据25。

首先，第五组证据中缺少证明进口行为的报关单、进口代理合同等必要的有关进口行为的手续证明，无法证明所述产品已经办结海关手续，因此不能通过证明进口行为导致进口产品在内地公开使用。

其次，上述证据的真实性也不能确定。证据19-1为（2006）京海民证字第3560号公证书，该公证书证明了与其相粘连的公证处接谈笔录复印件与原件相符，原件上中国机床总公司之印鉴及周某本人签名属实，该公证书所附的周某证言的复印件与原件相符，原件上中国机床总公司之印鉴及周某本人签名属实，该公证书并没有对公证处接谈笔录中周某所陈述事实的真实性及周某证言中所述内容的真实性作出评述,因此,接谈笔录中周某所述的事实的真实性及周某证言中所述内容的真实性均需要其他证据进行佐证。

在该组证据中,证据19-2.5的机电产品进口登记表、证据19-2.6、证据19-2.7、证据19-2.8中并没有涉及C60系列的型号,仅在证据19-2.7中型号规格一栏中有"C＊＊＊H/N",与该型号对应的产品名称是断路器,而证据19-2.8第3页左侧表格与商品名称"空开"对应的商品编号是"MG15306"。第177790号发票中与型号24198-C对应的规格是C60N 2P 3A C,第168446号发票中与型号24198对应的规格是MULTI,第168447号发票中与型号24198对应的规格是C60N,第168448号发票中与型号24198对应的规格是MG。在口头审理中专利权人用请求人提交的证据19-2.10作为反证来证明型号与规格不一一对应。合议组经审查发现,上述证据中存在型号与规格不一致的问题。如在证据19-2.10中,没有24198这一型号,与规格C60N 2P 3A C对应的型号是24333;证据25(香港施耐德公司销售断路器的存储记录)中施耐德公司保留的销售记录中没有第177790号发票;又如,证据25中与第168448号发票对应的规格、编号分别是24198、C60N 2P 3A MCB,而在第168448号发票中与24198对应的规格是MG;除了第177790号发票上盖有公章外,其余发票上均无正式的公章;装箱单(证据19.10)中的编号与证据19-2.13中的第177790号发票中的编号不一致等。这些足以表明,该组证据前后矛盾,存在瑕疵,无法确定其真实性。

在该组证据中既没有证据能够证明所述产品已经办结海关手续,例如进口报关单、进口代理合同等必要的手续证明,也没有证据能够证明证据19-1的接谈笔录中周某所述事实的真实性及周某证言中所述内容的真实性,因此该组证据不能被采信。

B. 关于证明中国机床总公司与神龙汽车公司之间的销售行为的

证据。

请求人用以下一组证据证明中国机床总公司与神龙公司之间的销售行为及所销售产品的结构：证据19-2.3、证据19-2.4、证据19-2.14、证据19-2.16、证据19-2.17、证据24。

在该组证据中只有以下位置出现了C60系列产品的型号：证据19-2.3（95DCAC/SN230合同）所附的材料清单中出现了C60N、C60L、C60L 4P20AC，另外，在其所附的无名称的8页表格中出现了C60L 2P6 A2、C60L 4P 10A2、C60L 4P 20A2、C60L 4P 40A2；证据19-2.4（95DCAC/SN351合同）所附的材料清单中出现了C60L 2P6 A2、C60L 4P 10A2、C60L 4P 20A2、C60L 4P 40A2。

但是，证据19-2.3与证据19-2.4的附件都不完整，并且所附附件的名称与合同目录中标明的名称不一致，各个附件与合同目录以及其他附件之间还有多处相互矛盾之处，不能认定所附附件是否为这两个合同目录中标明的附件。例如，在证据19-2.3的合同目录中标明的附件总共有8项，除了第1、3、4项能在证据19-2.3中明确找到以外，其余都无法确认；证据19-2.3所附的材料清单以及无名称的8页表格在合同目录中标明的附件中都没有这两项记录；其附件1的表格中提到了"备件、易损件费见附件二、四"，而在手写"附件2"的材料清单中并没有出现备件或者易损件费；材料清单中第1页的页码是机器打印的，而第2~6页的页码均为手写，前后不一致；无名称的8页表格的第1页签有"27/07-95"，表示的是1995年7月27日，而该合同的签字时间为1995年3月28日，表明该附件不是该合同签订前完成的；TE电器（亚太）公司提供的质保书是针对95DC/AC351的产品，并非证据19-2.3的95DCAC/SN230合同或者合同目录中标明的94DCAC/SN051。同样的，证据19-2.4的合同目录中标明的附件总共也有8项，除了第1、5项能在证据19-2.4中找到以外，其余都无法确认；证据19-2.4所附的材料清单在合同目录中标明的附件中并没有这项记录；且该材料清单的"编制"、"校核"和"审查"栏均没有签名，该材料清单的格式与证据19-2.3所附的材料清单的格式又完全不同。

合议组认为，如果公证书所附合同中的附件明显与该合同不对应，则该合同的附件不能作为定案的依据。上述事实足以表明，证据19-2.3与证据19-2.4前后矛盾，存在瑕疵，因此不能认定材料清单或无名称的8页表格为95DCAC/SN230合同和95DCAC/SN351合同中标明的附件，也不能确定这两份合同与C60系列产品具有关联性。进而，由于涉及上述两份合同的证据19-2.14（记账凭证、电划贷方补充报单第三联、资金往来专用发票以及进账单）和证据19-2.16（单位往来明细表单）中均没有产品型号，因此证据19-2.14和证据19-2.16与C60系列产品的关联性均不能确定。可见，不能通过证据19-2.3、证据19-2.4、证据19-2.14、证据19-2.16来证明C60系列产品的销售事实。

证据19-2.17的25张照片是对周某提供的C60N、C60L、C60H产品拆解前后的产品现状所拍摄的。（2006）京海民证字第3561号公证书（证据19-2）公证了照片内容与实际情况相符。公证书所公证的是产品现状的结构。而这些产品的公开时间无法确定，因此，这25张照片不能作为定案的依据。

证据24是放大的神龙汽车有限公司门牌照片以及产品照片复印件共12页，为了证明该证据的真实性，请求人在提出无效宣告请求人之日起一个月内提交了证据24-1、证据24-2。证据24-1和24-2的是两份公证书，都是北京市海淀第二公证处在武汉神龙汽车有限公司进行的取证，该公证机构没有在核定的执业区域内受理公证业务，违反了《公证法》第25条和《公证机构执业管理办法》第10条的规定，因此证据24-1和24-2失去了公证书应有的效力，不能被采信。证据24在无其他证据对其真实性进行佐证的情况下，也不能被采信。

在该组证据中，证据 19 – 2.3、证据 19 – 2.4、证据 19 – 2.14、证据 19 – 2.16 与 C60 系列产品的关联性均不能确定，而能够显示产品结构的证据 19 – 2.17 和证据 24 均不能作为定案的依据，因此无法证明所销售产品与该专利的关联性，也不能证明所销售产品的结构，更无法与该专利进行比较从而得出该专利不具有新颖性和创造性的结论。

C. 关于证据 20。

证据 20 是 C65 系列和 C60 系列订货号对照说明表复印件，请求人并没有具体陈述该证据的出处以及如何使用该证据，且专利权人也对该证据的真实性提出了异议，请求人没有提供其他的证据对其真实性进行佐证，因此，证据 20 在无其他证据对其真实性进行佐证的情况下也不能被采信。

如上所述，第五组证据不能作为评价该专利新颖性或创造性的证据。

(3) 关于《专利法》第 26 条第 3 款。

《专利法》第 26 条第 3 款规定，说明书应当对发明或者实用新型作出清楚、完整的说明，以所属技术领域的技术人员能够实现为准。

请求人认为该专利说明书第 2 页中只是说明了触头连动装置，对其工作方式和连接方式没有任何描述，因此不符合专利法第 26 条第 3 款的规定。

该专利要解决的技术问题是动触头闭合速度随手动速度快慢而变化影响触头使用寿命，说明书已经结合附图从机械静态构成结合、动态动作过程或者操作过程等各角度对本专利断路器的各组成部分所包括的各部件及其之间的相互关系作出清楚的描述，并带来了相应的有益技术效果；小型断路器的触头连动机构的基本部件的位置、结构和工作方式属于现有技术，本专利区别于现有技术的摇臂在说明书具体实施方式中给出了描述，不仅包括其构成，还包括可动部分的动作过程及其功能、效果的描述，可参见该专利的说明书附图4、5及其相应的文字说明，描述了手柄通过传动连杆带动跳扣、锁扣、杠杆及触头支持，如何通过摩擦配合带动动触头快速闭合的具体工作过程，该领域普通技术人员在该专利说明书的基础上可以清楚地理解该专利的技术方案，并且能够实现该专利的技术方案，因此该专利符合《专利法》第26条第3款的规定。

（4）相对于对比文件1的新颖性。

《专利法》第22条第2款规定：新颖性，是指在申请日以前没有同样的发明或者实用新型在国内外出版物上公开发表过、在国内公开使用过或者以其他方式为公众所知，也没有同样的发明或者实用新型由他人向专利局提出过申请并且记载在申请日以后（含申请日）公布的专利申请文件中。

该专利的权利要求1要求保护的是高分断小型断路器，包括由手柄和心轴组成的操作机构、接线装置、包括动铁芯和与动铁芯相连的顶杆的瞬时动作电流脱扣装置和由静触头、动触头、杠杆、轴、锁扣、心轴、跳扣、心轴、传动连杆以及触头支持组成的触头连动装置，所述操作机构还设有套嵌于心轴和手柄之间的摇臂，所述摇臂一端设有安装套孔，另一端顶部为圆弧面，其旁侧设有曲形限位器，触头支持与圆弧面对应处亦为相应的圆弧面。

该专利的权利要求1要求保护的高分断小型断路器与对比文件1的带安全挡板的断路器不同；该专利涉及断路器手动复位储能操作机构，而对比文件1涉及断路器外壳或底座等零部件；该专利要解决现有断路器在手动复位时动触头闭合速度随手动速度快慢而变化容易引起拉弧、影响触头使用寿命的问题，而对比文件1要解决现有断路器绝缘机壳中的各隔室并非相互独立，如果断开短路电流，机壳内的高压可能会增加通过手柄开口的电离气体的泄漏，危害靠近断路器前面板的人员的安全的问题；该专利中的瞬时动作电流脱扣装置包括动铁芯和与动铁芯相连的顶杆，在对比文件1中没有描述电磁脱扣装置的具体结构，并且权利要求1中的轴（6）、锁扣（7）、心轴（8）、跳扣（9）、心轴（10）在对比文件1中都没有公开，并且权利要求1中的操作机构还设有套嵌于心轴（2）和手柄（1）之间的摇臂（3），摇臂（3）一端设有安装套孔（21），另一端顶部为圆弧面（22），其旁侧设有曲形限位器（23），触头支持（4）与圆弧面（22）对应处为相应的圆弧面，在对比文件1中均没有公开；该专利获得的技术效果是克服了人为操作手柄速度快慢不一致对动触头闭合速度的影响，提高了断路器的使用寿命；对比文件1要获得的技术效果是防止在灭弧阶段通过前面板的开口喷出电离气体，通过机壳后板上的排气口排出全部断路气体（参见本专利的权利要求1和对比文件1的说明书第1页和说明书附图第4、5页及其在说明书中的相关文字说明）。

由此可见，该专利权利要求1与对比文件1所涉及的技术领域、所要解决的技术问题、采用的技术方案和获得的技术效果均不相同，因此权利要求1相对于对比文件1具有《专利法》第22条第2款所规定的新颖性，从而其从属权利要求2和3相对于对比文件1也具有新颖性。

请求人仅依据对比文件1的说明书附图来推测出该专利的多个技术特征，而这些推测出的技术特征在对比文件1的说明书中没有任何的文字描述，也不是能够从附图中直接地、毫无疑义地确定的技术特征，因此上述技术特征不应当作为已公开的内容。

基于上述理由，由于权利要求1相对于对比文件1具有新颖性，所以其从属权利要求2和3相对于对比文件1也具有新颖性。

决定：

在专利权人于2007年2月17日提交的权利要求第1～3项的基础上维持97248479.5号实用新型专利有效。

当事人对本决定不服的，可以根据《专利法》第46条第2款的规定，自收到本决定之日起三个月内向北京市第一中级人民法院起诉。根据该款的规定，一方当事人起诉后，另一方当事人应当作为第三人参加诉讼。

(二) 案件评述

该案是无效宣告请求人施耐德电气低压（天津）有限公司就专利权人正泰集团股份有限公司的专利号为97248479.5、名称为"一种高分断小型断路器"的实用新型专利所提出的无效宣告请求。该无效宣告请求的提出源于2006年正泰集团股份有限公司以侵犯专利权为由将施耐德电气低压（天津）有限公司诉至浙江省温州市中级人民法院，并要求其赔偿侵权损失3.3亿元人民币。3.3亿元的诉讼标的额使得该案成为中国最大的知识产权诉讼案件。随后，施耐德电气低压（天津）有限公司针对涉案专利向专利复审委员会提出了无效宣告请求。该案经过专利复审委员会的无效宣告审查、北京市第一中级人民法院的行政诉讼一审、北京市高级人民法院的行政诉讼二审，最终仍被维持有效。

该无效宣告案件之所以称为经典，是因为一方面，无效宣告请求人为了证明涉案专利不具备新颖性、创造性，不仅提交了其他专利文件作为对比文件来评价涉案专利的新颖性，而且还通过提交其他证据来证明涉案专利所要求保护的技术方案因被其他出版物所公开以及被国内使用公开而不具备新颖性和创造性；另一方面，无效宣告请求人所提交的证据比较多样，包括合同书、发票、产品宣告册、证人证言、公证文书等，可以说法律所规定的大部分证据形式都在该案中有所体现。通过对该无效宣告审查决定的分析，可以得到以下启示：

（1）施耐德公司在无效宣告请求审查程序中提交了许多证据，但施耐德公司只对其中的部分证据的使用方式进行了说明，而未对其余证据的使用方式进行说明。在专利复审委员会已经明确告知其对提交的证据必须明确使用方式，否则视为放弃相关证据的情况下，施耐德公司仍未就相关证据的使用方式作出说明，故专利复审委员会对这些证据没有进行评述，使得这些证据没有成为定案的依据。由此可见，在无效宣告程序中，当事人必须对其所提交的证据的证明目的及使用方式作出清楚、具体的说明，否则，专利复审委员会将对这些证据不予考虑。

（2）施耐德公司提交的第三组证据包括证据11、12、13，用来证明涉案专利所要求保护的技术方案已于专利申请日之前被公开出版物所公开。证据11是一份产品宣传册，属于企业的广告宣传材料，不像法定的公开出版物那样具有严格的出版发行程序，其公开日期无法确认，但施耐德公司并未能够提供其他证据来证明其真正的公开日期；证据12是一份证人证言，但该份证人证言中所说的"C60电路断路器"并不必然是指证据11中的"C60N"，无法确定两者之间的关联性；证据13是施耐德公司制作这些海报所发账单的确认订购单和海报制作者的发票，但证据13中有被涂改的痕迹，无法确定其真实性。正是由于各证据所存在的缺陷，使得各证据间不能形成完整的证据链，无法证明其所主张的宣传画的公开时间或者已经在该专利申请日之前处于公众可以获知的状态。因此，证据11~13无法用于评价该专利的新颖性或创造性。由此可见，对用于评价专利新颖性或创造性的公开出版物的公开日期的证明非常重要，它是决定相关公开出版物能否用来评价专利新颖性或创造性的首要因素。对于法定出版物而言，一般其自身所标注的出版日期可作为其公开时间；而对于诸如企业刊物等非法定出版物，则需要借助其他证据来证明其向公众公开的日期或者公众可通过公开渠道进行获取的时间。

（3）施耐德公司提交的第五组证据包括证据19、20、24、25，用来证明在涉案专利申请日之前，中国机床总公司已经从施耐德香港分公司进口并向神龙公司销售了C60系列产品，即上述进口和销售行为证明C60系列断路器在该专利申请日前已在国内公开使用。但第五组证据中缺少证明进口行为的报关单、进口代理合同等必要的有关进口行为的手续证明，无法证明所述产品已经办结海关手续，因此不能通过证明进口行为导致进口产品在国内公开使用。同时，第五组证据之间存在相互矛盾、不对应等问题，无法确定其真实性与关联性，不足以证明在涉案专利申请日之前中国机床总公司已经从施耐德香港分公司进口了C60系列产品的事实以及中国机床总公司向神龙汽车有限公司进行产品销售的事实。因此，第五组证据之间无法形成完整的证据链来证明在该专利申请日之前C60系列产品已经在国内公开使用，第五组证据不能用于评价涉案专利的新颖性、创造性。在无效宣告程序中，专利复审委员会对证据真实性和关联性的审核相当严格。当事人在提交证据时，应当首先确定影响证据真实性的因素是否存在、提供证据的人是否与案件或案件当事人有利害关系、证据是否有可供进行核实的原件、提交的证据与案件待证事实之间是否存在证明关系、各证据之间可否形成一条完整的证据链等。如果提交的证据存在缺陷，那么就需要通过补充其他证据的方式加以佐证。

（4）施耐德公司提交的证据24是放大的神龙汽车有限公司门牌照片以及产品照片复印件，为了证明该证据的真实性，施耐德公司在提出无效宣告请求之日起一个月内提交了两份公证书作为补充证据。但两份公证书都是北京市海淀第二公证处在武汉神龙汽车有限公司进行的取证，该公证机构没有在核定的执业区域内受理公证业务，违反了《公证法》第25条和《公证机构执业管理办法》第10

条的规定，专利复审委员会据此未认可该证据。由此可见，即使是公证文书，如果其获取的方式不符合法律、法规的有关规定或者公证机构超过其经核准的营业范围进行公证的，那么，这样的公证文书的合法性就有待论证。

其他篇

商标许可策略

知识产权许可是企业实现知识产权价值最大化的重要途径之一,是企业在满足对知识产权自用的前提下,通过将其知识产权许可给他人使用,从而实现其特定经营目的的方式。知识产权许可对企业而言,其作用不仅是使得企业通过许可获得许可费,从而提升其营利能力,而且还是壮大品牌价值、拓宽产品市场、对抗竞争对手的重要手段。一般而言,知识产权许可包括商标许可、专利许可、技术秘密许可、著作权许可等,这部分主要关注商标许可。

商标许可是最习以为常的一种知识产权许可方式,其中,最典型的就是可口可乐这个商标,其许可使用遍布全球各个角落。就商标许可的整个过程而言,一般可分为三个阶段:首先是进行许可谈判前的调查以获知相对方各方面的情况,目的是确定是否可与相对方继续开展许可谈判;然后是进行许可谈判以确定许可合同条款;最后是对许可合同的具体履行。

一、许可谈判前的调查

许可谈判正式进行之前,需要通过各种途径对相对方的商标权利状态、经营状态、财务状态、诚信情况等各方面展开调查,目的是确定相对方的履约能力并进而决定是否与其展开正式谈判。

(一)对许可人的调查

1. 许可人的资格

被许可人首先应当对许可人的资格进行核实,以确定其是否为待许可商标的真正所有人。这一点非常重要,具有全球影响力的苹果与唯冠的商标权纠纷案件就是由于在对 IPAD 商标进行谈判时，没有就 IPAD 大陆商标的真正所有权人进行认真调查，从而导致合同的签约方并不是 IPAD 大陆商标的所有权人深圳唯冠而是其母公司台湾唯冠。由于合同签约方并不是 IPAD 大陆商标的真正所有权人，苹果公司无法在商标局将 IPAD 大陆商标转至自己名下，这成为震惊全球的苹果与唯冠商标权纠纷案件的导火线。

在对许可人的资格进行核实时，可以通过查看对方的营业执照、商标注册证书、商标局网站上的商标公示信息等方式来确定。如果许可人并不是商标的所有权人，则确定是不是其授权委托人，如果是授权委托人，则需要进一步核实其是否有特别授权委托书，同时亦可以通过与真正所有权人进行联系的方式来确定。

2. 许可商标的法律状态

被许可人需要认真核实待许可商标的法律状态，以确定其是否为已向商标局申请注册的商标、是已经授权的商标还是仍处于申请状态的商标。如果是授权商标的话，需要核实其有效期还有多长。同时，还需要就待许可商标是否存在被质押、被人民法院进行财产保全等影响待许可商标使用的情况进行详细了解。

如果许可人的产品需要出口并在其他国销售，则需要进一步核实许可人是否在该国就同一商标申请过注册、是否已经被授权，以避免虽然得到了许可人在国内的许可授权，但产品出口到他国后，却存在可能侵犯他人商标权的情况。

3. 许可商标的权利稳定情况

如果待许可商标是授权商标的话，那么，还需要进一步核实该商标是否曾被提出过异议，异议程序是否已经终结，商标评审委员会或人民法院作出的认定是什么。同时，还需要自行或者委托外部商标事务所就待许可商标权利的稳定性作进一步的调查。

4. 许可商标的使用状态

核实许可商标是否已经被许可人实施及许可人就许可商标的实施

情况；核实待许可商标是否存在许可给其他被许可人使用的状态，如果存在，则有必要通过要求许可人提供相应的许可合同等方式进一步核实许可的类型，是独占实施许可、排他实施许可还是普通实施许可，确定许可范围和许可期限等情况。

同时，还需要向许可人了解或者自行调查待许可商标的市场侵权情况，许可人的假冒产品的打假情况。

（二）对被许可人的调查

许可人需要就被许可人的管理能力、生产能力、已有产品的质量、诚信记录、在消费者中的信誉情况等进行全方位的调查，以确定被许可人是否为适格的被许可对象。《商标法》第45条规定："使用注册商标，其商品粗制滥造，以次充好，欺骗消费者的，由各级工商行政管理部门分别不同情况，责令限期改正，并可以予以通报或者处以罚款，或者由商标局撤销其注册商标。"由此可见，如果被许可人在使用许可的注册商标时，不能确保产品质量或者欺骗消费者，那么，可能会导致注册商标被商标局撤销，从而对许可人的商标所有权造成侵害。因此，许可人在正式与被许可人展开许可谈判前，需要对被许可人各方面的情况进行调查，以确定其是否具有诚信履约能力。

二、许可合同条款的确定

在许可人与被许可人就相对方的情况进行充分调查、核实，并认可相对方为适格的许可谈判对象后，许可人与被许可人就需要通过谈判的方式来确定许可合同的具体条款，使双方之间的任何一项相关约定都能够以合同条款的形式体现出来。

（一）许可类型

商标许可使用的类型包括独占使用许可、排他使用许可和普通使用许可。

独占使用许可，是指商标注册人在约定的期间、地域和以约定的方式，将该注册商标仅许可一个被许可人使用，商标注册人依约定不得使用该注册商标。

排他使用许可，是指商标注册人在约定的期间、地域和以约定的方式，将该注册商标仅许可一个被许可人使用，商标注册人依约定可以使用该注册商标但不得另行许可他人使用该注册商标。

普通使用许可，是指商标注册人在约定的期间、地域和以约定的方式，许可他人使用其注册商标，并可自行使用该注册商标和许可他人使用其注册商标。

对被许可人而言，一般情况下，独占使用许可需要向许可人支付比较高的许可使用费，从而加大了其商标使用的成本，但同时，由于该许可使用方式具有"独占性"，从而有利于被许可人对产品市场的占有。而普通使用许可则恰恰相反，被许可人需要向许可人支付的许可使用费相对较低，但同时，由于以普通使用许可方式许可的被许可人可能有很多，使得被许可人之间存在直接的竞争，从而使商标的品牌价值给每一个普通许可被许可人带来的效益相对较低。排他使用许可的情况则介于两者之间。因此，对于被许可人而言，应当根据自身产品的生产、销售能力，资金状况，同类产品的市场容量，市场竞争状况等多方面因素综合考虑，来决定应当从许可人处获得何种许可。

对于许可人而言，在决定以何种方式许可其商标时尤其应当慎重。这是因为，以何种方式进行许可不仅是一个从经济利益角度进行决策的问题，同时在法律层面上也是对诉权的一种处置。《最高人民法院关于审理商标民事纠纷案件适用法律若干问题的解释》第4条第2款规定："在发生注册商标专用权被侵害时，独占使用许可合同的被许可人可以向人民法院提起诉讼；排他使用许可合同的被许可人可以和商标注册人共同起诉，也可以在商标注册人不起诉的情况下，自行提起诉讼；普通使用许可合同的被许可人经商标注册人明确授权，可以提起诉讼。"由此可见，如果许可人是以独占使用许可方式进行许可的，那么，其在以这种方式进行许可的同时把在发生商标侵权纠纷时对侵权人的起诉权也让渡给了被许可人。当独占使用许可被许可人发现他人侵犯商标专利权时，其可以不再经过商标注册人的同意，而直接以独占使用许可被许可人的身份直接提起诉讼。此外，排他使用许可合同的被许可人可以和商标注册人共同起诉，也可以在商标注册人不起诉的情况下，自行提起诉讼；普通使用许可合同的被许可人经商标注册人明确授权，可以提起诉讼。由此可见，商标许可人在选择许可方式的时候，同时也将商标侵权人的起诉权进行了处置。关于这一点，许多商标许可人都没有意识到。因此，商标许可人在决定许可方式时，应当对此多加考虑。

（二）被许可商标及其提供、使用方式

商标许可合同的标的自然是被许可的商标。由于同一个商标可能被许可人分别注册在不同种类的商品或服务上，所以，应当就被许可商标的商标注册号、允许使用注册商标的商品或服务的具体种类作出明确约定。

商标是由许可人设计并申请注册的，其对商标的设计要素、各要素之间的组合关系、颜色配比等非常了解。因此，有必要在许可合同中约定由许可人向被许可人提供商标原型，同时，约定被许可人在商标使用时必须忠实于许可人所提供的商标原型，不能任意对商标的设计要素进行更改从而可能会使消费者产生误解。此外，许可人与被许可人还可以就许可商标的使用方式，诸如商标的大小、商标在产品包装上的布置、商标的标注方式等内容明确约定，以规范商标的使用行为。

对商标的使用，除了在商品上进行贴标这种方式外，还包括在诸如广告等商品宣传资料上的使用以及在商品柜面、店面的使用等。

因此，许可合同还应当就被许可人是否可以除了在商品上贴标以外的其他方式对许可商标进行使用作明确约定。

（三）被许可商标的使用范围

使用被许可商标的范围既包括使用被许可商标的时间范围，同时也包括使用被许可商标的地域范围。许可合同应当就使用被许可商标的时间作出明确约定。同时，还需要就超过许可时间后是否可以自动延续许可合同、未销售出的已经使用了被许可商标的产品的处置方式等问题作出明确约定。

关于使用被许可商标的地域范围，需要特别注意在国内生产的使用被许可商标的商品是否会被销往国外。如果商品有可能会被销往国外，则需要确定许可人是否在该国外也拥有相同的商标，如果有，则需要通过与许可人协商来确定是否也可以取得该国外商标的使用许可。

（四）被许可商标的维持与维权

被许可商标的维持是指维持被许可商标的有效性。在商标许可合同存续期间，被许可商标可能会由于其他人向商标评审委员会提出裁定撤销注册商标的申请而面临被撤销的风险，为了应对这种潜在的风险，许可人与被许可人就需要在许可合同中事前约定好，一旦发生这种情况，由谁以及如何来进行应对以防止注册商标被撤销。同时，如果被许可商标的有效期正好在商标许可合同存续期间届满，则被许可人有必要在许可合同中约定许可人有在商标续展期间内对被许可商标进行续展的义务。

任何未经许可擅自使用注册商标的行为，不仅是对商标权人商标所有权的一种侵害，同时也是对商标被许可人的商标使用权益的一种直接侵害。未经许可而使用注册商标的商品一旦投入市场，就会立即对被许可人的商品构成直接竞争，不利于被许可人通过使用被许可商标而获取经济利益目的的实现。因此，许可人和被许可人有必要在许可合同中明确商标维权责任分工，共同积极应对商标侵权行为。

除了上面提到的几个方面，商标许可合同还应当就商标许可费的数额、许可费的支付方式、违约责任、纠纷解决方式、商品质量标准与监控等方面的内容进行明确约定。

三、商标许可合同的执行

商标许可合同签订生效后，接下来就是对合同的履行问题。在履行合同的过程中，合同当事人除了需要监督对方当事人是否在忠实地履行合同，还需要注意以下问题：

（1）完成对商标许可合同的备案。《商标法》第40条第3款规定，商标使用许可合同应当"报商标局备案"，同时，《商标法实施条例》第43条规定，"许可他人使用其注册商标的，许可人应当自商标使用许可合同签订之日起3个月内将合同副本报送商标局备案"。对于未经备案的商标许可合同的效力，《最高人民法院关于审理商标民事纠纷案件适用法律若干问题的解释》第19条第2款规定："商标使用许可合同未在商标局备案的，不得对抗善意第三人。"由此可见，不对商标许可合同进行备案不利于被许可人利益的保障。

（2）随时监控被许可人的商品质量。《商标法》第40条第1款规定："许可人应当监督被许可人使用其注册商标的商品质量。被许可人应当保证使用该注册商标的商品质量。"同时，《商标法》第45条规定："使用注册商标，其商品粗制滥造，以次充好，欺骗消费者的，由各级工商行政管理部门分别不同情况，责令限期改正，并可以予以通报或处以罚款，或者由商标局撤销其注册商标。"由此可见，被许可人的商品质量直接影响着许可人注册商标的声誉，严重时甚至都有被撤销的风险。因此，许可人有必要对被许可人的商品质量进行随时监控。

专利许可策略

知识产权许可的另一种重要形式就是专利许可。商标的许可价值来源于商标的良好声誉以及消费者的信赖；专利许可则不同，专利的许可价值来自其技术的先进性、不可替代性。专利权人通过对专利的许可，不仅可以获得可观的许可费，而且还可以扩大技术应用范围、扩展相应产品市场、扩充技术同盟军，进而形成竞争优势。

一、许可谈判前的准备

在正式开展许可谈判之前，需要从以下几方面进行准备工作。

（一）待许可专利的评估

专利许可的许可人与被许可人都需要对待许可专利进行评估。评估主要包括两个层面：一个是对待许可专利的质量进行评估；一个是对待许可专利的价值进行评估。

质量评估主要包括：专利有效性评估，即基于对现有技术的检索与分析，确定待许可专利是否具备可授权性以及被无效的可能性；可实施性评估，基于专利文件的公开内容，确定其权利要求所要求保护的技术方案是否可被实现；可规避性评估，基于专利文件的公开内容、现有技术调查情况以及自有技术研发状态，确定是否存在未被专利权利要求所记载的可替代的技术方案。

价值评估主要包括：市场应用前景评估，基于技术发展现状预测待许可专利技术的市场应用前景、使用专利技术产品的市场潜在规模；价值贡献率评估，基于采用专利技术的整个产品，评估待许可专利对实现产品价值的贡献率大小。

只有对待许可专利展开充分评估后,才能对待许可专利有全面的了解,并据此制订许可谈判策略。

(二) 标准专利的核实

在专利许可实践中,标准专利的许可率是最高的。标准专利不同于一般的专利,其中一方面体现在,未经专利权人同意而使用标准专利的行为,在许多国家都不被视为侵犯专利权的行为,即使专利权人对擅自使用者提起诉讼,法院也无法判决构成侵权,只能应专利权人的请求责成擅自使用者支付低于一般许可费的使用费;另一方面则体现在,标准专利的专利权人一般都参与过标准提案召集与标准起草阶段,根据标准化实践,只有在签署相应的知识产权政策文件并按照文件的要求承诺对其可能写入标准中的必要专利权利要求承担特定方式的许可义务的情况下,标准专利的专利权人才可以提交提案,其提案才可能被写入标准中。而知识产权政策文件一般都要求其对其潜在的必要专利权利要求承担公平合理无歧视许可(RAND)、无许可费的公平合理无歧视许可(RAND - FR)或专利池许可义务。不管其最终承担的是哪种义务,其在对必要专利权利要求进行许可时,都必须一视同仁,这就防止了标准专利的专利权人针对特定的被许可人进行漫天要价的情况发生。

因此,在专利许可谈判前,被许可人应当就待许可的专利中是否有标准专利进行核实;如果有,则需要进一步核实专利权人是否曾经对与该标准专利相关的标准组织作出过知识产权许可义务承诺;如果有,则需要再进一步核实其承诺的许可方式。如果经核实发现其待许可专利中包括有曾经承诺过 RAND - FR 许可方式的标准专利,那么,被许可人可以就该专利不再展开许可谈判。

(三) 交叉许可的可能性分析

交叉许可是专利许可人与被许可人之间实现互利共赢、降低专利许可支出的最佳方式。这种许可方式往往发生在两个势均力敌、互有竞争的公司之间。对于有着众多专利储备或者有着基础专利的被许可人,其在与许可人展开专利许可谈判前,也需要事前对许可人的产品进行了解、分析,以确定许可人的产品是否采用其拥有的专利技术。如果经核实后发现许可人的产品也采用了被许可人的专利,那么,被许可人就因此而拥有了谈判砝码,可以据此要求与许可人进行交叉许可,从而可显著降低许可费支出。

(四)借助专利侵权诉讼等方式助推专利许可谈判

许多专利许可谈判最开始都是非常不顺的,许可谈判双方因无法达成一致合意而导致谈判破裂后,专利许可人往往会采取对被许可人发动专利诉讼的方式而将被许可人拉到谈判桌前。因此,专利许可人可以考虑在许可谈判之前,通过首先启动专利侵权诉讼来与被许可人展开谈判,也可以在许可谈判破裂后,通过启动专利侵权诉讼而将被许可人再拉回谈判桌前继续进行谈判。

一般而言,专利侵权诉讼对专利许可谈判造成影响的前提是该专利侵权诉讼对被许可人造成了紧迫感,使被许可人意识到如果不尽快化解危机的话,可能很快会被法院判断侵权,从而对自己的生产经营活动造成实质损害。但是,一般的专利侵权诉讼却很难制造出这种紧迫感,这是因为,被许可人可以通过对涉案专利提出无效宣告请求而请求法院中止专利侵权诉讼审理,从而暂时化解当前危机。因此,许可人需要配合其他方式来对被许可人进行施压。例如,在提起专利侵权诉讼之前同时向法院申请诉前保全,或者要求海关扣押涉嫌侵权产品等。

二、许可合同条款的确定

许可人与被许可人需要通过许可谈判的方式来确定具体的许可合同条款内容。一般而言,在就许可合同的内容进行约定时,应注意以下几方面的内容。

(一) 专利许可方式

专利许可方式包括：独占实施许可、排他实施许可、普通实施许可以及交叉许可。独占实施许可，是指许可人在约定许可实施专利的范围内，将该专利仅许可一个被许可人实施，许可人依约定不得实施该专利；排他实施许可，是指许可人在约定许可实施专利的范围内，将该专利仅许可一个被许可人实施，但许可人依约定可以自行实施该专利；普通实施许可，是指许可人在约定许可实施专利的范围内许可他人实施该专利，并且可以自行实施该专利；交叉许可，是指许可人与被许可人就其自有专利相互许可给对方实施。严格来讲，交叉许可并非一种相对独立的专利许可方式，其实质仍是独占实施许可、排他实施许可、普通实施许可中的其中一种，只不过作为许可合同的每一方当事人既是许可人又是被许可人。

正如前面"商标许可策略"一章中所提及的，商标许可人在对商标许可方式作出选择的同时，也对将来针对侵犯商标专用权的侵权行为进行起诉的起诉权作出了处置。专利许可也存在同样的问题，如果专利许可人选择以独占实施许可的方式向被许可人进行许可的话，若在许可合同存续期间发生侵犯被许可专利权的侵权行为，独占实施许可被许可人可以不经许可人的授权，径直向法院提起专利侵权诉讼。而被许可人如果起诉的侵权人恰好是许可人的关联公司或者与许可人有着共同利益，这无疑是许可人不愿看到的。

因此，许可人与被许可人就许可方式进行约定的同时，还应当就被许可人行使起诉权的条件、除外情况等进行明确约定。

(二) 专利许可标的

专利许可合同需要写明被许可专利的专利号、专利名称等标识专利的信息。如果被许可人有可能将专利产品出口到另一个国家，则被许可人还应当确定许可人在该另一国家是否拥有同族专利，如果有，则需要一并获得该同族专利的许可。虽然现在许多国家都承认

"平行进口",但是为了保险起见,在确定被许可专利时,应当将其同族专利也一并包括在内。

(三) 专利许可使用范围

专利许可使用范围包括专利许可使用期限、许可使用地域、许可使用方式等。专利许可使用期限应当限于专利有效期内;专利许可使用地域既可以及于该专利权效力所及之全部区域,又可以限于其中的部分区域;专利许可使用方式包括制造、许诺销售、销售、使用、进口专利产品或者使用专利方法,许诺销售、销售、使用、进口依据专利方法而获得的产品这些方式中的全部或者部分。

许可合同应当基于公平原则以及物尽其用原则,就许可使用期限届满后已经生产但尚未销售出的产品的处置问题进行明确约定,以避免因约定不明而发生纠纷。

(四) 被许可专利权有效性的维持

《最高人民法院关于审理技术合同纠纷案件适用法律若干问题的解释》第26条规定:"专利实施许可合同让与人负有在合同有效期内维持专利权有效的义务,包括依法缴纳专利年费和积极应对他人提出宣告专利权无效的请求,但当事人另有约定的除外。"由此可见,在许可合同存续期间维持被许可专利权有效的义务以合同当事人约定为准,在当事人未就此约定的情况下,依该司法解释,维持专利权有效的义务由许可人承担。

虽然约定由许可人承担维持专利权有效的义务可能更为普遍,但是,许可合同当事人在就此项义务进行约定时,还是应当本着尽最大可能维持专利权有效的原则,约定由有丰富专利无效实践经验、专利业务能力相对较强的一方当事人来承担此项义务。至于由于承担此项义务而带来的财力、人力的投入问题,双方当事人可以本着公平合理原则,约定由另一方来给予适当的补偿。

（五）无效合同条款的避免

《合同法》第329条规定："非法垄断技术、妨碍技术进步或者侵害他人技术成果的技术合同无效。"同时，《最高人民法院关于审理技术合同纠纷案件适用法律若干问题的解释》第10条进一步约定如下：

下列情形，属于合同法第三百二十九条所称的"非法垄断技术、妨碍技术进步"：

（一）限制当事人一方在合同标的技术基础上进行新的研究开发或者限制其使用所改进的技术，或者双方交换改进技术的条件不对等，包括要求一方将其自行改进的技术无偿提供给对方、非互惠性转让给对方、无偿独占或者共享该改进技术的知识产权；

（二）限制当事人一方从其他来源获得与技术提供方类似技术或者与其竞争的技术；

（三）阻碍当事人一方根据市场需求，按照合理方式充分实施合同标的技术，包括明显不合理地限制技术接受方实施合同标的技术生产产品或者提供服务的数量、品种、价格、销售渠道和出口市场；

（四）要求技术接受方接受并非实施技术必不可少的附带条件，包括购买非必需的技术、原材料、产品、设备、服务以及接收非必需的人员等；

（五）不合理地限制技术接受方购买原材料、零部件、产品或者设备等的渠道或者来源；

（六）禁止技术接受方对合同标的技术知识产权的有效性提出异议或者对提出异议附加条件。

由此可见，如果专利许可合同中包括上面所列举的情形，将会导致相应合同条款或者整个合同无效。而在专利许可实践中，专利许可人经常会以合同的方式约定被许可人不得以提出专利无效等方式对被许可专利的有效性提出质疑。而这种约定明显是属于该司法解释所约定的（六）所描述情况。为了使专利许可合同不会因为个别条款的内容而影响其效力，合同当事人应当尽量避免约定违反《合同法》第329条规定的条款。

（六）知识产权瑕疵担保条款

《合同法》第353条规定："受让人按照约定实施专利、使用技术秘密侵害他人合法权益的，由让与人承担责任，但当事人另有约定的除外。"对于被许可人因实施被许可专利而侵害他人合法权益的情况，主要是指对他人的知识产权造成侵权的情况。

一般而言，知识产权瑕疵担保条款是专利许可合同的必备条款，但是许多专利许可合同仅就知识产权瑕疵担保条款进行笼统的约定，即承诺若被许可人因实施被许可专利而侵害他人知识产权的将承担赔偿责任。但是，专利具有显著的地域性。如果被许可的专利是中国专利，而被许可人在中国制造专利产品后又将其出口到美国，在美国，该出口的专利产品却侵犯了美国另一专利权人的专利，而被许可人并未告知许可人其会将专利产品出口至美国，那么，在这种情况下，许可人是否应当依据许可合同中有关知识产权瑕疵担保条款的笼统约定而承担对美国专利权人的侵权责任？该知识产权瑕疵担保条款是只应在专利权的有效范围内即中国有效呢，还是在专利产品出口国美国也应当有效？情况比较复杂，很难得出唯一的定论。但是，如果专利许可合同当事人在就知识产权瑕疵担保条款进行约定时，能够结合被许可人实施被许可专利的具体方式，使用被许可专利技术的专利产品的制造、许诺销售、销售、使用地域等来进行更明确、具体的约定，则可以有效避免上述问题的出现。

（七）后续改进技术成果的约定

《合同法》第354条规定："当事人可以按照互利的原则，在技术转让合同中约定实施专利、使用技术秘密后续改进的技术成果的分享办法。没有约定或者约定不明确，依照本法第六十一条的规定仍不能确定的，一方后续改进的技术成果，其他各方无权分享。"因此，就实施专利后续改进的技术成果的分享应以许可合同当事人双方的约定为主；如果没有约定或约定不明时，则可以协议补充；不能达成补充协议的，按照合同有关条款或者交易习惯确定；如果仍不能确定的，则后续改进的技术成果只能由改进方所有和使用。

由于后续改进技术成果是基于被许可专利作出的，因此，对后续改进技术成果的实施一般都导致对被许可专利的实施。如果当事人并未就后续改进技术成果的分享进行约定，同时该后续改进技术成果又是由被许可人作出的，而被许可人如果在专利许可合同有效期届满后实施该后续改进技术成果的，其行为实质上已经对许可人的专利造成了侵权。因此，许可合同当事人在就后续改进技术成果的分享进行约定时，应当具有一定的预见性，本着互利互惠、公平合理的原则作出具体约定。

（八）技术资料与技术指导的提供

专利文件所公开的内容都比较笼统，一般仅公开构成具体技术方案的技术特征，很少公开如何来实施该技术方案，仅依据专利文件所记载的内容有时很难对专利进行实施。因此，在专利许可谈判时，被许可人务必通过专利许可合同约定许可人提供实施专利所需要的技术资料，同时约定必要时许可人应当应被许可人的请求指派技术专家对许可人实施专利给予技术指导。此外，还应当就许可人未履行相关义务时的违约责任进行明确约定。

三、许可合同的具体履行

专利许可合同签订后,就进入对合同的具体履行程序。这个阶段主要是忠实履行合同以及出现问题时及时与对方当事人进行协商解决问题。如果当事人之间无法就履行合同过程中所出现的问题的解决达成合意,则可依据专利许可合同中所约定的纠纷解决方式解决。

专利标准化

"一流企业做标准、二流企业做技术、三流企业做产品",人们经常使用这句话来描述标准对于企业的重要性,可以看标准给企业带来的"赚钱效应"。然而,这里面所说的标准,并非一般意义上的标准,而是指使用了专利技术的标准。标准是一种公共产品,需要在全社会进行推广和使用,如果企业能够将其专利技术推行进标准,这也就相当于企业已经成功借助标准之手将自己的专利技术推至标准所应用的范围。国家强制性标准具有市场准入的效果,涉及该标准的产品在进入该国市场时都必须符合该强制性标准之要求,也就是说该产品必须使用该标准中所包含的专利技术,而专利作为一种私权,必须在获得专利权人的许可的情况下才可以对其进行使用。因此,标准专利的专利权人通过将专利技术推行进标准的方式实现了在全社会范围内进行专利许可之目的,只要其许可政策不是免费许可,那么,其标准专利就具有"赚钱效应"。这也是为什么现在越来越多的企业热衷于往标准里面推行专利技术的根本原因。

企业专利人员往往关注如何将专利技术推行入标准,标准制定修改过程中专利披露义务和专利许可的默认许可义务具体是指什么以及使用标准专利在中国主张权利时可能面临的问题,本章主要就这三方面的内容作一介绍。

一、推进专利技术进标准

(一)专利标准化的一般途径

一般情况下,企业都是通过设置专门的标准部门来开展与标准相关的工作。对于企业而言，标准与专利密不可分，因此，有的企业会将标准部门与专利部门设置在一个大的组织框架内，以促进两者之间更高效地合作。

企业标准部门的一般职责包括跟进国际或国内标准化进程、参加标准会议、加入标准工作组、撰写专利申请交底书、撰写并提交标准提案等。

企业一般情况下都是通过参加标准工作组，然后向标准工作组提交标准提案的方式来将企业的自有技术推行进标准。但是，企业在向标准工作组提交提案之前，一般都已经就与标准提案相关的技术方案进行了专利申请，目的是为了防止由于提交标准提案的行为先于专利申请而导致专利申请不具备专利法所规定的新颖性。

（二）根据标准进展适应对专利进行修改分案

企业向标准工作组提交标准提案，其终极目标自然是希望最终被颁布实施的标准可以采纳其标准提案。但是，提交标准提案还只是一个开始，该标准提案能否被最终采纳还得经过标准工作组的评价。一般情况下，向标准工作组提交的提案往往会有多个，这种情况下，各标准提案之间就形成了竞争关系，标准提案的方案越优、获得支持的投票越多，其被标准所采纳的可能性也就越大。

即使企业提交的标准提案最终被标准所采纳，该被采纳的标准提案与企业最开始提交的标准提案往往也会存在或多或少的区别。这是因为，标准工作组在对标准提案进行讨论评价时可能会发现其中存在的一些问题，而标准提案企业会根据标准工作组的讨论评价情形对其提案进行适应性修改。

正是由于企业最开始提交的标准提案在被标准最终采纳之前存在着被修改的可能，而企业在提交标准提案时又无法对此作出准确预测，这就给企业在提交标准提案之前对其提案相关的专利申请布局工作提出了更高要求。一般情况下，企业根据其已经布局好的专利申请中权利要求所记载的技术方案来撰写标准提案，但是，一旦其标准提案被修改，就可能会使相关的权利要求无法符合修改后的标准提案。即使该被修改的标准提案最终被标准采纳，在标准颁布实施后的必要权利要求评估时，该相关权利要求被评估为必要权利要求的可能性也很小。

为了解决上面提到的问题，企业在提出标准提案之前对专利申请进行布局时，应当在其专利申请的说明书中公开更多的技术方案，而不应只公开其标准提案所包含的技术方案。企业在正式提交标准提案之前应当预测一下其标准提案可能会被修改成什么样，同时，将预测到的各种可能性技术方案全部记载到专利申请的说明书中，以便在专利申请提出后，根据说明书的记载内容对权利要求进行修改。

标准提案提出后，企业的标准部门应当及时将标准工作组对标准提案的讨论评价情况以及对标准提案的修改情况通报给专利部门，专利部门根据标准部门反馈的情况决定是否需要对已经提出的专利申请的权利要求进行修改。修改的原则是使权利要求更符合可能被标准最终采纳的经过修改的标准提案，当然这种修改应当按照专利法的要求以专利申请文件所公开的范围为界，否则其修改可能会被专利审查员以修改超范围为理由而拒绝，这也是我们前面提到的为什么专利申请说明书要尽量公开更多内容的原因。

专利部门除了需要考虑是否对专利申请的权利要求进行适应性修改，还需要考虑的是是否对专利进行分案。如果企业提交的专利申请符合最终被确定的标准，那么，专利部门可以考虑对专利申请进行分案。因为，在标准颁布实施后的专利许可过程中，往往是以专利件数为单位来进行许可的，企业符合标准的专利件数越多，其获得的许可费也就越多。因此，对专利申请进行分案也是专利标准化过程中需要考虑的问题。

(三) 标准专利的评估

标准被颁布实施后，如果该标准涉及专利，标准工作组或其他相关机构就会召集潜在的专利权人开展标准专利的评估工作。

对标准专利的评估实质就是评价提交进行评估的授权专利中是否包含"必要权利要求"。所谓"必要权利要求"，是指根据授权或公布某专利的所在国法律，被有关产品或服务中的符合部分不可避免地侵犯到的某专利的某一权利要求，且仅限于该权利要求。专利的某一权利要求被不可避免地侵犯，是指在实施最终标准时，该侵权行为无法通过采用另一个技术上可行的不侵权的实施方式来避免。

专利中的权利要求是由具体的技术特征构成的，而技术特征则是由技术要素构成的；然而，标准并非完全都是用技术要素来描述的，其有时会对产品或者技术的性能指标提出要求，有时会对产品或技术的功能进行描述，因此，必要权利要求符合标准的方式可能存在以下几种：

（1）标准对产品的结构及其相互连接关系或者技术的方法步骤进行了描述，而权利要求所记载的全部技术特征均被标准所描述。此种符合方式，只需要考查权利要求所记载的全部技术特征是否在标准中被描述，而无需考虑未被权利要求所记载而被标准所描述的其他技术要素。

（2）标准虽未以技术要素的方式进行描述，但是标准对产品或技术的功能或性能指标提出了要求，而权利要求所记载的技术方案可以实现标准所要求的功能或性能指标。

（3）权利要求中的部分技术特征以上面提到的第（1）种方式与标准部分符合，其余技术特征作为一个整体以上面提到的第（2）种方式与标准部分符合，此种权利要求也属于必要权利要求。

二、专利标准化中的知识产权政策

专利标准化实践表明，为了使标准颁布后可以顺利实施，标准工作组一般都要求成员在加入标准工作组时需要签署并向该标准工作组提交相应的知识产权政策文件。知识产权政策中要求成员必须承担两项重要的成员义务，即专利披露义务和专利默认许可义务。标准工作组不同，可能要求的专利披露义务和专利默认许可义务的具体内容也有所不同。

(一) 专利披露义务

专利披露义务，是指标准工作组成员在标准制定和实施过程中就其所知悉的专利申请、授权专利或专利申请计划向标准工作组进行披露的义务。标准工作组知识产权政策一般会对专利披露主体、披露范围、披露时间以及未履行披露义务的全部或部分内容作出规定。

就中国的情况而言，到目前为止，AVS（Audio Video coding Standard）标准是中国最成功的、具备自主知识产权的标准，其知识产权政策也具有典型的代表性。其《数字音视频编解码技术标准工作组知识产权政策》对专利披露义务作出了如下规定：

> 第十四条　为了方便工作组决定是否采纳一个特定的提案，以及根据第十条准备与AVS标准草案相关的专利报告，每个会员在提交任何提案时，应该做出相应披露，并且书面承诺，对于该会员及其关联者因为该特定提案得到最终AVS标准的采纳而获得的与该最终AVS标准（以及后继最终AVS标准的某些部分，这些后继最终AVS标准的部分必须是为了向前兼容采纳该特定提案的最终AVS标准所必需的，也仅限于该最终AVS标准要求向前兼容的部分）有关的任何必要权利要求，该会员及其关联者将就该必要权利要求提供符合以下条件的许可：
>
> 1. 对于中华人民共和国授予的专利中包含的必要权利要求，按RAND RF条款或通过AVS专利池进行许可。
>
> 2. 对于中华人民共和国之外授予的专利中包含的必要权利要求，按RAND RF条款或RAND条款，或通过AVS专利池进行

许可。

第十五条 每个会员应该根据诚信原则,在其实际知晓的范围内,就可能包含必要权利要求的该会员和其关联者的专利和公布的专利申请及时并持续地向工作组进行披露。

没有选择第12条第1款(1)或(2)或第12条第2款(1)或(2)规定的缺省许可义务的会员还必须在实际知晓的范围内披露该会员或其关联者的可能包含必要权利要求的未公开的专利申请。

为了本条目的,会员实际知晓应当仅限于其工作组成员和提案作者(如果有的话)的实际知晓范围。在任何情况下,本知识产权政策要求的披露义务都不得被解释为要求会员进行专利检索。对本条的解释和应用应当符合诚信原则,会员不得故意对其参与AVS标准草案制订的人员隐瞒有关事实以规避本条规定的披露义务。

第十六条 就第十四条和第十五条规定的披露而言,会员必须披露以下最低限度的信息。

1. 对于已批准的专利及已公布的专利申请的披露,必须包含:

(1)专利权人和/或申请人的身份;以及,

(2)专利号或专利申请号。

2. 对于会员或其关联者未负有对第三方的在先保密义务的未公布的专利申请的披露

(1)应当说明存在可能包含潜在必要权利要求的专利申请,并且

(2)由会员自行决定,可以标明相关的AVS标准草案的部分。

本款规定不禁止基于自愿对未公布的尚未授权专利申请做出

更广泛的披露。

在一项已被披露的未公布的专利申请得到公开时，会员必须对上文所述与已公布的专利申请相关的其他辨别信息进行披露。

由此可见，AVS标准知识产权政策所规定的专利披露义务包括：（1）会员在提交提案时对其及其关联者所获得的与AVS最终标准有关的必要权利要求的披露；（2）及时地、持续性地对可能包含必要权利要求的该会员和其关联者的专利和公布的专利申请进行披露；（3）在会员未选择RAND–RF或POOL的方式作为其缺省许可义务的情形下，还必须对其或其关联者的可能包含必要权利要求的未公开的专利申请进行披露。

（二）专利默认许可义务

专利默认许可义务，是指标准工作组成员承诺当最终颁布实施的标准涉及该成员或其关联者的必要权利要求时，将按照该成员已经选择的默认许可方式对该必要权利要求进行许可。

AVS标准的《数字音视频编解码技术标准工作组知识产权政策》对专利默认许可义务作了如下规定：

第十一条　在签署会员协议时，每个会员应该对最终AVS标准中采用的任何技术所涉及的该会员及其关联者的必要权利要求确定缺省许可义务。除非会员根据第十四条（涉及提案中包括的必要权利要求）或第十八条（在"审阅期"）的规定选择了不同于其缺省许可义务的许可承诺，该会员及其关联者应当按照其缺省许可义务对其必要权利要求提供许可。

第十二条　会员可以从以下缺省许可义务中做出选择：

1. 如果在某一专题组制订某一AVS标准草案期间会员参加了该专题组，而该AVS标准草案其后成为最终AVS标准，那么对于与该最终AVS标准有关的任何必要权利要求，会员可以选择：

按照合理且非歧视性的条款提供免费许可（RAND RF）；

参加 AVS 专利池（POOL）；

按照合理且非歧视性的条款（RAND）许可。

2. 如果在某一专题组制订某一 AVS 标准草案期间会员并未参加该专题组，而该 AVS 标准草案其后成为最终 AVS 标准，那么对于与该特定的最终 AVS 标准有关的任何必要权利要求，会员可以选择：

按照 RAND RF 条款许可；

参与 AVS 专利池；

按照 RAND 条款许可；

无许可义务（NO LICENSE）。

第十三条　会员有权自行决定采用与其确定的缺省许可义务等同或更优惠的条款（优惠程度依本条如下规定）对其部分或所有的必要权利要求进行许可。为了本条的目的，第十二条中规定的缺省许可义务和第十四条中规定的与提案相关的许可义务按照优惠程度从高到低的次序排列如下：

最优惠：按照 RAND RF 条款许可或者参加 AVS 专利池

第二优惠：按照 RAND 条款许可

最不优惠：无许可义务

第十四条　为了方便工作组决定是否采纳一个特定的提案，以及根据第十条准备与 AVS 标准草案相关的专利报告，每个会员在提交任何提案时，应该做出相应披露，并且书面承诺，对于该会员及其关联者因为该特定提案得到最终 AVS 标准的采纳而获得的与该最终 AVS 标准（以及后继最终 AVS 标准的某些部分，这些后继最终 AVS 标准的部分必须是为了向前兼容采纳该特定提案的最终 AVS 标准所必需的，也仅限于该最终 AVS 标准要求向前兼容的部分）有关的任何必要权利要求，该会员及其关联者将就该必要权利要求提供符合以下条件的许可：

1. 对于中华人民共和国授予的专利中包含的必要权利要求，按 RAND RF 条款或通过 AVS 专利池进行许可。

2. 对于中华人民共和国之外授予的专利中包含的必要权利要求，按 RAND RF 条款或 RAND 条款，或通过 AVS 专利池进行许可。

……

第十八条 工作组在将 AVS 标准草案提交标准化机构批准之前，应给予所有会员不少于 90 天的"审阅期"，以便会员审阅有关知识产权方面的事项。

除会员已经根据本知识产权政策第十四条的规定承诺了许可义务的必要权利要求外，如果会员在"审阅期"期间或结束前披露一个或多个特定专利，会员可以就上述专利中包含的必要权利要求声明承诺其许可义务为第十二条第 2 款规定的四个选项之一。如果会员在"审阅期"结束时没有做出声明，将适用会员及其关联者的缺省许可义务。

通过对上述规定的分析，可以看出 AVS 标准所规定的专利默认许可义务主要是两类：（1）如果在某一专题组制订某一 AVS 标准草案期间会员参加了该专题组，会员可以选择的许可方式包括：按照 RAND RF 条款许可、参与 AVS 专利池、按照 RAND 条款许可；（2）如果在某一专题组制订某一 AVS 标准草案期间会员并未参加该专题组，会员可以选择的许可方式包括：按照 RAND RF 条款许可、参与 AVS 专利池、按照 RAND 条款许可、无许可义务（NO LICENSE）。同时，会员可以在提交标准提案时以及在标准提交标准化机构批准之前的审阅期内对其针对相关的必要权利要求的许可义务作出特别的选择。

三、使用标准专利进行诉讼的可行性

在中国，许多专利权人都有这样的疑问，就是能否使用其标准专利来主张权利尤其是进行起诉。到目前为止，中国尚没有法律或者司法解释对此作出明确规定。只有，最高人民法院在《关于朝阳兴诺公司按照建设部颁发的行业标准〈复合载体夯扩桩设计规程〉设计、施工而实施标准中专利的行为是否构成侵犯专利权问题的函》[（2008）民三他字第4号]中回复道："鉴于目前我国标准制定机关尚未建立有关标准中专利信息的公开披露及使用制度的实际情况，专利权人参与了标准的制定或者经其同意，将专利纳入国家、行业或者地方标准的，视为专利权人许可他人在实施标准的同时实施该专利，他人的有关实施行为不属于专利法第十一条所规定的侵犯专利权的行为。专利权人可以要求实施人支付一定的使用费，但支付的数额应明显低于正常的许可使用费；专利权人承诺放弃专利使用费的，依其承诺处理。"

通过对该回复的分析可以看出，最高人民法院认为他人在实施标准的同时实施符合该标准的专利的，即使其实施行为没有得到专利权人的许可，但仍不能认定是侵犯专利权的行为。这是否意味着专利权人只能以要求实施人支付明显低于正常许可使用费为理由来向实施人主张权利或提起诉讼，而不能要求法院判决实施人停止侵权或者要求法院裁定诉前停止侵权。实践中，对于许多专利权人而言，其提起诉讼的真正目的并非想获得专利使用费，其起诉意在要求被告停止实施专利，或者是由于被告对专利权人主张过权利例如起诉过，其起诉意在对抗被告或迫使被告对其在先诉讼进行撤诉。

笔者注意到，最高人民法院在（2008）民三他字第4号回复中强调，实施人未经许可而实施标准专利的行为不构成侵犯专利权的前提是："专利权人参与了标准的制定或者经其同意，将专利纳入国家、行业或者地方标准的"。对此，是否可以解读出：如果专利权人未参与标准制

定，或者也未同意将专利纳入国家、行业或者地方标准，就意味着实施人未经许可而实施标准专利的行为可以对专利权构成侵权。虽然，从最高人民法院的这个回复中作出的上述解读并非完全正确，在标准的性质不同的情况下（比如是国家强制性标准还是推荐性标准，是国家标准还是行业标准），对这一问题所给出的答案也有可能各不同，但是，对于那些未参与标准制定，或者也未同意将专利纳入国家、行业或者地方标准的专利权人，如果所涉及的标准并非强制性标准，还是可以考虑以其标准专利进行起诉的。因为，在所涉标准非强制性标准的情况下，实施人有选择使用标准技术或者非标准技术的自由，在其希望使用标准专利技术时，还是应当取得标准专利权人的许可的。

企业商标的保护策略

企业商标的良好形象需要靠产品的良好质量来维护。未经商标权人许可而擅自使用其商标的行为，不仅会使侵权产品对商标权人的正品市场造成侵占，而且由于商标权人无法对侵权产品的质量进行监控而导致侵权产品的质量参差不齐，进而对企业及其商标的良好形象造成不利影响，因此，企业需要加强对商标的保护力度、加强对侵权产品的查处力度。

请求工商行政管理部门对商标侵权行为进行查处是企业对商标进行保护最常用的方式；当企业商标达到一定驰名度的时候，通过申请驰名商标认定可以对企业商标提供更广泛的保护；近几年随着电子商务的快速发展，互联网商标侵权现象也越来越严重，互联网环境下的商标保护问题也需要引起企业的重视。本章主要就上面提及的三大内容进行说明。

一、企业商标的行政保护

商标的行政保护由于其启动途径、处罚形式多样，查处速度快等优点，而受商标权人重视。很多企业对侵犯其商标权的产品的查处都是通过商标的行政保护途径进行的。

（一）商标侵权行为的表现形式

《商标法》第52条对侵犯商标权的行为的表现形式进行了规定，该条规定：

　　有下列行为之一的，均属侵犯注册商标专用权：
　　（一）未经商标注册人的许可，在同一种商品或者类似商品上使用与其注册商标相同或者近似的商标的；

（二）销售侵犯注册商标专用权的商品的；

（三）伪造、擅自制造他人注册商标标识或者销售伪造、擅自制造的注册商标标识的；

（四）未经商标注册人同意，更换其注册商标并将该更换商标的商品又投入市场的；

（五）给他人的注册商标专用权造成其他损害的。

而针对该条第（五）项所规定的"给他人的注册商标专用权造成其他损害的"的情况，《商标法实施条例》第50条进一步规定：

有下列行为之一的，属于商标法第五十二条第（五）项所称侵犯注册商标专用权的行为：

（一）在同一种或者类似商品上，将与他人注册商标相同或者近似的标志作为商品名称或者商品装潢使用，误导公众的；

（二）故意为侵犯他人注册商标专用权行为提供仓储、运输、邮寄、隐匿等便利条件的。

此外，《最高人民法院关于审理商标民事纠纷案件适用法律若干问题的解释》也对《商标法》第52条第（5）项所规定的"给他人的注册商标专用权造成其他损害的"的情况作了更进一步的规定，该司法解释第1条规定：

下列行为属于商标法第五十二条第（五）项规定的给他人注册商标专用权造成其他损害的行为：

（一）将与他人注册商标相同或者相近似的文字作为企业的字号在相同或者类似商品上突出使用，容易使相关公众产生误认的；

（二）复制、摹仿、翻译他人注册的驰名商标或其主要部分在不相同或者不相类似商品上作为商标使用，误导公众，致使该驰名商标注册人的利益可能受到损害的；

（三）将与他人注册商标相同或者相近似的文字注册为域名，

并且通过该域名进行相关商品交易的电子商务，容易使相关公众产生误认的。

由此可见，侵犯注册商标专利权的行为不仅包括未经许可将与他人注册商标相同或相似的商标在同一种或类似产品上使用的行为，销售侵犯商标专利权的商品的行为，对他人注册商标进行伪造、擅自制造的行为，更换他人注册商标并将该更换商标的商品又投入市场的行为，而且，在特定的情况下，将与他人注册商标相同或者近似的标志作为商品名称或者商品装潢使用的行为，故意为侵犯他人注册商标专用权行为提供仓储、运输、邮寄、隐匿等便利条件的行为，将与他人注册商标相同或者相近似的文字作为企业字号使用的行为，复制、摹仿、翻译他人注册的驰名商标或其主要部分作为商标使用的行为也可能会对他人的注册商标专利权构成侵权。

（二）商标行政保护的途径

工商行政管理部门对侵犯商标专利权的行为进行行政查处时，既可以依商标权利人的请求进行，又可以依任何人的投诉或举报进行，还可以依职权进行。

《商标法》第53条规定：

有本法第五十二条所列侵犯注册商标专用权行为之一，引起纠纷的，由当事人协商解决；不愿协商或者协商不成的，商标注册人或者利害关系人可以向人民法院起诉，也可以请求工商行政管理部门处理。工商行政管理部门处理时，认定侵权行为成立的，责令立即停止侵权行为，没收、销毁侵权商品和专门用于制造侵权商品、伪造注册商标标识的工具，并可处以罚款。当事人对处理决定不服的，可以自收到处理通知之日起十五日内依照《中华人民共和国行政诉讼法》向人民法院起诉；侵权人期满不起诉又不履行的，工商行政管理部门可以申请人民法院强制执行。进行处理的工商行政管理部门根据当事人的请求，可以就侵犯商标专用权的赔偿数额进行调解；调解不成的，当事人可以依照《中华人民共和国民事诉讼法》向人民法院起诉。

该条对工商行政管理部门依商标权利人的申请对侵犯注册商标专利权的行为进行查处作了明确规定。根据该条的规定，不仅商标注册人可以请求进行行政查处，而且商标的利害关系人也可以请求进行行政查处。对于何为"利害关系人"，《最高人民法院关于审理商标民事纠纷案件适用法律若干问题的解释》第 4 条规定："商标法第五十三条规定的利害关系人，包括注册商标使用许可合同的被许可人、注册商标财产权利的合法继承人等。"

《商标法》第 53 条还对工商行政管理部门在认定侵权成立的情况下可采取的行政处罚措施进行了规定。这些行政处罚措施具体包括：责令立即停止侵权行为，没收、销毁侵权商品和专门用于制造侵权商品、伪造注册商标标识的工具，并可处以罚款。此处，工商行政管理部门还可以根据当事人的请求，就侵犯商标专用权的赔偿数额进行调解。

此外，《商标法实施条例》第 51 条规定："对侵犯注册商标专用权的行为，任何人可以向工商行政管理部门投诉或者举报。"同时，《商标法》第 54 条规定："对侵犯注册商标专用权的行为，工商行政管理部门有权依法查处；涉嫌犯罪的，应当及时移送司法机关依法处理。"据此，法律也对工商行政管理部门依任何人的投诉或举报以及依职权对侵犯商标权的行为进行查处作出了明确规定。

二、驰名商标的保护及认定

驰名商标不仅可以获得与一般注册商标相同程度的保护，而且还能获得比一般注册商标更广泛的保护，这不仅体现在对驰名商标的跨类保护上，而且还体现在驰名商标即使未在中国进行注册也可以获得一定程度的保护。

（一）对驰名商标的特殊保护

《商标法》《商标法实施条例》、最高人民法院的司法解释等对驰名商标可以得到的特殊保护都进行了明确规定。其中，《商标法》第13条规定：

> 就相同或者类似商品申请注册的商标是复制、摹仿或者翻译他人未在中国注册的驰名商标，容易导致混淆的，不予注册并禁止使用。
>
> 就不相同或者不相类似商品申请注册的商标是复制、摹仿或者翻译他人已经在中国注册的驰名商标，误导公众，致使该驰名商标注册人的利益可能受到损害的，不予注册并禁止使用。

由此可见，对于未在中国注册的驰名商标，可以在相同或类似的商品上获得保护；而对于已经在中国注册的驰名商标，对其的保护则不再限定于相同或类似的商品上，而是可以获得跨类保护。

《最高人民法院关于审理商标民事纠纷案件适用法律若干问题的解释》第1条规定，"复制、摹仿、翻译他人注册的驰名商标或其主要部分在不相同或者不相类似商品上作为商标使用，误导公众，致使该驰名商标注册人的利益可能受到损害的"的情形属于《商标法》第52条第（五）项规定的给他人注册商标专用权造成其他损害的行为。

同时，该司法解释第2条规定："依据商标法第十三条第一款的规定，复制、摹仿、翻译他人未在中国注册的驰名商标或其主要部分，在相同或者类似商品上作为商标使用，容易导致混淆的，应当承担停止侵害的民事法律责任。"

由此可见，《最高人民法院关于审理商标民事纠纷案件适用法律若干问题的解释》将对驰名商标的保护延伸到了"驰名商标的主要部分"，即不仅复制、摹仿、翻译驰名商标在商品上使用的行为可能构成侵权，复制、摹仿、翻译驰名商标的主要部分在商品上使用的行为也可能构成侵权。

此外,《商标法》第 41 条第 2 款规定:"已经注册的商标,违反本法第十三条、第十五条、第十六条、第三十一条规定的,自商标注册之日起五年内,商标所有人或者利害关系人可以请求商标评审委员会裁定撤销该注册商标。对恶意注册的,驰名商标所有人不受五年的时间限制。"即对于违反《商标法》第 13 条的规定而恶意注册的商标,驰名商标所有人对其请求商标评审委员会裁定撤销的时间不受五年时间的限制。

国家工商总局在其《驰名商标认定和保护规定》第 14 条中规定:"各级工商行政管理部门应当对驰名商标加强保护,对涉嫌假冒商标犯罪的案件,应当及时向有关部门移送。"此规定赋予了工商行政管理部门在驰名商标保护上更强的主动性。

此外,对驰名商标的保护也并非仅限定于商标注册和商标使用行为上,《商标法实施条例》将对驰名商标的保护延伸到了企业名称登记行为上。该条例第 53 条规定:"商标所有人认为他人将其驰名商标作为企业名称登记,可能欺骗公众或者对公众造成误解的,可以向企业名称登记主管机关申请撤销该企业名称登记。企业名称登记主管机关应当依照《企业名称登记管理规定》处理。"

(二)驰名商标的认定

一般可以通过两种途径对驰名商标进行认定:一种途径是在民事纠纷诉讼中,请求人民法院进行认定;另一种途径是商标注册或商标评审过程中,请求商标局或商标评审委员会进行认定。

1. 驰名商标的司法认定

《最高人民法院关于审理涉及驰名商标保护的民事纠纷案件应用法律若干问题的解释》第 2 条规定:

在下列民事纠纷案件中,当事人以商标驰名作为事实根据,人民法院根据案件具体情况,认为确有必要的,对所涉商标是否驰名作出认定:

(一)以违反商标法第十三条的规定为由,提起的侵犯商标权诉讼；

（二）以企业名称与其驰名商标相同或者近似为由，提起的侵犯商标权或者不正当竞争诉讼；

（三）符合本解释第六条规定的抗辩或者反诉的诉讼。

同时，该司法解释第6条规定：

原告以被诉商标的使用侵犯其注册商标专用权为由提起民事诉讼，被告以原告的注册商标复制、摹仿或者翻译其在先未注册驰名商标为由提出抗辩或者提起反诉的，应当对其在先未注册商标驰名的事实负举证责任。

此外，最高人民法院的另一个司法解释，即《最高人民法院关于审理商标民事纠纷案件适用法律若干问题的解释》也就驰名商标的认定作出了相关规定，该司法解释第22条规定：

人民法院在审理商标纠纷案件中，根据当事人的请求和案件的具体情况，可以对涉及的注册商标是否驰名依法作出认定。

认定驰名商标，应当依照商标法第十四条的规定进行。

当事人对曾经被行政主管机关或者人民法院认定的驰名商标请求保护的，对方当事人对涉及的商标驰名不持异议，人民法院不再审查。提出异议的，人民法院依照商标法第十四条的规定审查。

以上是对人民法院认定驰名商标的规定。通过对以上司法解释的解读，可以得出以下结论：请求人民法院对驰名商标认定的，不仅可以在商标侵权纠纷诉讼中提出请求，而且还可以在不正当竞争诉讼中提出请求；人民法院对驰名商标进行认定的前提是商标侵权行为或不正当竞争行为的成立以商标驰名为事实依据的，如果商标侵权行为或不正当竞争行为的成立不以商标是否驰名为事实依据的，那么，人民法院将不予审查。

2. 驰名商标的行政认定

《商标法实施条例》第5条规定：

依照商标法和本条例的规定，在商标注册、商标评审过程中产生争议时，有关当事人认为其商标构成驰名商标的，可以相应向商标局或者商标评审委员会请求认定驰名商标，驳回违反商标法第十三条规定的商标注册申请或者撤销违反商标法第十三条规定的商标注册。有关当事人提出申请时，应当提交其商标构成驰名商标的证据材料。

商标局、商标评审委员会根据当事人的请求，在查明事实的基础上，依照商标法第十四条的规定，认定其商标是否构成驰名商标。此外，《驰名商标认定和保护规定》第4条规定：

当事人认为他人经初步审定并公告的商标违反商标法第十三条规定的，可以依据商标法及其实施条例的规定向商标局提出异议，并提交证明其商标驰名的有关材料。

当事人认为他人已经注册的商标违反商标法第十三条规定的，可以依据商标法及其实施条例的规定向商标评审委员会请求裁定撤销该注册商标，并提交证明其商标驰名的有关材料。

以上是商标局和商标评审委员会认定驰名商标的规定。通过对以上规定的解读，可以得出以下结论：驰名商标行政认定的请求既可以在商标异议程序中提出，又可以在商标撤销程序中提出；商标局和商标评审委员会仅在当事人依据《商标法》第13条的规定请求驳回商标注册申请或者请求撤销商标注册时才对商标是否驰名作出认定。

三、互联网商标侵权行为的应对

随着互联网技术的不断发展以及电子商务的不断普及，互联网上开始不断涌现出大量的商标侵权行为，其中不乏新的侵权形式。互联网商标侵权行为的形式主要有：将他人的注册商标或驰名商标注册为域名并意图出售该域名的；通过使用他人的注册商标或驰名商标注册的域名进行网上商品销售的；通过诸如淘宝等电子商务网站进行侵权产品网上销售的等。

将他人的注册商标或驰名商标注册为域名并意图出售该域名的行为，

意在通过抢注获取域名并将获取的域名销售给域名所使用的注册商标或驰名商标所有人等，目的在于获取一定的经济利益。该行为无意通过使用该域名从事侵权产品的网上销售等网域商业行为，因此，不宜将该行为认定为《商标法》所规定的侵犯商标注册权的行为。

然而，最高人民法院颁布的《关于审理涉及计算机网络域名民事纠纷案件适用法律若干问题的解释》对网络域名侵权行为进行了明确的规定。该司法解释第4条规定：

人民法院审理域名纠纷案件，对符合以下各项条件的，应当认定被告注册、使用域名等行为构成侵权或者不正当竞争：

（一）原告请求保护的民事权益合法有效；

（二）被告域名或其主要部分构成对原告驰名商标的复制、模仿、翻译或音译；或者与原告的注册商标、域名等相同或近似，足以造成相关公众的误认；

（三）被告对该域名或其主要部分不享有权益，也无注册、使用该域名的正当理由；

（四）被告对该域名的注册、使用具有恶意。

由此可见，注册、使用域名等行为构成侵权或者不正当竞争需要满足上述四个条件：原告拥有相关合法权益、被告实施了侵权或不正当竞争行为、被告不享有相关权益、被告存有恶意。缺少其中任何一个条件，都无法将注册、使用域名等行为认定为侵权或不正当竞争。同时，对于该条第（四）项所规定的"恶意"，该司法解释第5条进一步规定：

被告的行为被证明具有下列情形之一的，人民法院应当认定其具有恶意：

（一）为商业目的将他人驰名商标注册为域名的；

（二）为商业目的注册、使用与原告的注册商标、域名等相同或近似的域名，故意造成与原告提供的产品、服务或者原告网站的混淆，误导网络用户访问其网站或其他在线站点的；

（三）曾要约高价出售、出租或者以其他方式转让该域名获取不正当利益的；

（四）注册域名后自己并不使用也未准备使用，而有意阻止权利人注册该域名的；

（五）具有其他恶意情形的。

被告举证证明在纠纷发生前其所持有的域名已经获得一定的知名度，且能与原告的注册商标、域名等相区别，或者具有其他情形足以证明其不具有恶意的，人民法院可以不认定被告具有恶意。

由此可见，将他人的注册商标或驰名商标注册为域名并意图出售该域名的行为应当属于该司法解释第5条所规定的（三）所描述的情形，故该行为应当定性为该司法解释第4条所规定的"构成侵权或者不正当竞争"的行为。但是，该行为具体是属于该司法解释所规定的"侵权"行为还是"不正当竞争"行为呢？前面已经分析过，不宜将该行为定性为《商标法》所规定的侵犯商标专用权的行为，而将其认定为不正当竞争行为则较为适宜。

对于通过使用他人的注册商标或驰名商标注册的域名进行网上商品销售的行为，《最高人民法院关于审理商标民事纠纷案件适用法律若干问题的解释》对此有明确的定性。该司法解释第1条第（3）项规定，"将与他人注册商标相同或者相近似的文字注册为域名，并且通过该域名进行相关商品交易的电子商务，容易使相关公众产生误认的"行为属于《商标法》第52条第（5）项规定的"给他人的注册商标专用权造成其他损害的"行为。

而通过诸如淘宝等电子商务网站进行侵权产品网上销售的行为，由于其直接从事的是商标侵权产品销售的行为，只不过是从传统的实体店销售形式转变为网上虚拟店的销售形式，对此应当直接认定为商标侵权行为。对于商标权利人而言，可以在向电子商务网站的经营者出示权利证明的情况下，请求其协助删除相关链接或网页。

涉知识产权的合同起草与审核

企业知识产权工作既非纯粹的技术岗位，也非单纯的法律岗位，是一种综合运用技术知识、法律知识、管理知识等多学科知识于一身的工作。同时，其工作范围也不仅仅涉及知识产权的获取与维护，许多与知识产权相关的其他工作也在工作范围之内，其中包括涉知识产权的合同起草与审核。

虽然，合同的起草与审核是企业法务的基本工作内容，但是，对于有些合同的起草与审核企业法务确是无法胜任的，需要知识产权工作人员进行协助或者由其独自承担。这样的合同包括对内与研发人员签订的劳动合同或保密合同，对外与其他法人或个人签订的技术合同、知识产权许可与转让合同，甚至有时候还包括产品采购与销售合同等，在这里，笔者将其统称为涉知识产权的合同。

一、劳动合同、保密合同

这里所说的劳动合同，并非一般意义上的、与一般企业员工所签订的劳动合同，而是指与诸如研发人员等知晓企业技术信息、商业秘密的特殊岗位员工签订的劳动合同。许多企业尤其是从事研发的企业一般都会与企业员工约定诸如保守企业研发信息秘密的条款，这类条款有时出现在劳动合同里面，有时则是以保密合同进行约定。因此，在此一并就劳动合同、保密合同进行说明。

企业在以劳动合同或保密合同与员工就知识产权相关的内容进行约定时，需要注意以下几点。

（1）虽然《专利法》《专利法实施细则》已经就员工在什么情

况下作出的发明创造属于职务发明进行了规定,同时,也将职务发明申请专利的权利规定为由单位享有。但是,根据我们对企业研发人员的了解,大部分的研发人员都对企业拥有对职务发明创造申请专利的法定权利不了解,从而导致有的员工会将与工作相关的成果拿来自己申请专利。因此,笔者建议企业在与员工签订劳动合同或保密合同时,应当就企业拥有对职务发明创造申请专利的法定权利、员工应尊重企业的该项法定权利同时不得从事有损企业该项法定权利的行为等内容进行明确约定,以提高员工的思想认识。

(2) 有些研发人员在完成本职工作之外,可能还会利用公司的物质技术条件完成一些发明创造。虽然这样的发明创造依法并不属于职务发明,但是,《专利法》第6条第3款规定,"利用本单位的物质技术条件所完成的发明创造,单位与发明人或者设计人订有合同,对申请专利的权利和专利权的归属作出约定的,从其约定。"由此可见,公司可以以合同的方式与员工约定就此类发明创造申请专利的权利归公司享有,但为了体现公平,公司最好应给予相应的奖励。

(3)《专利法》第16条规定:"被授予专利权的单位应当对职务发明创造的发明人或者设计人给予奖励;发明创造专利实施后,根据其推广应用的范围和取得的经济效益,对发明人或者设计人给予合理的报酬。"同时,《专利法实施细则》第76条规定:"被授予专利权的单位可以与发明人、设计人约定或者在其依法制定的规章制度中规定专利法第十六条规定的奖励、报酬的方式和数额。"由此可见,虽然在符合条件的情况下,要求公司给予职务发明奖励与报酬是职务发明人或设计人的法定权利,但是,公司可以统一以合同的方式与员工进行约定。

(4) 研发人员跳槽是各企业普遍面临的问题,但实践中却经常发现有些员工跳槽到新企业后不久便以发明人的名义并将新公司作为申请人就与其在原企业从事的工作相关的发明创造申请专利。虽然，《专利法实施细则》第12条规定，"退休、调离原单位后或者劳动、人事关系终止后1年内作出的，与其在原单位承担的本职工作或者原单位分配的任务有关的发明创造"仍然属于职务发明创造，对其进行申请专利的权利仍属于原企业，但是，由于离职员工对此缺乏认识，上述情况经常发生。对此，企业可以考虑在员工离职时，通过与员工签订保密合同的形式要求离职员工在离职后1年内不得在新公司就与其在该公司承担的本职工作或者该公司分配的任务有关的发明创造申请专利。

（5）雇佣高校的在校学生从事研发实习在各研发类企业中普遍存在，有的实习内容还是校企合作项目。在这种情况下，在公司实习的在校学生并不是专利法意义上的员工，因此，有关职务发明相关的规定并不能自然适用于实习生，所以，需要企业以诸如保密合同等合同的形式就实习期间产生的发明创造的归属与实习生进行约定。同时，如果实习生在公司实习的内容是校企合作项目，在此种情况下，由于校企合作项目属于技术合作开发或技术委托开发，实习生前来企业实习在性质上是受学校委派，因此，企业还需要与实习生所在的学校就发明创造的归属以合同的方式进行约定。

（6）许多研发人员尤其是从事前沿技术或先行技术研发的研发人员都希望能够将其研发成果通过论文的形式进行发表或者拿出来与其他企业同行进行讨论、分享，殊不知其此类行为可能导致企业无法就其研发成果申请专利，其行为已经导致研发成果在申请专利之前已经公开。因此，企业需要以合同或者制度形式就此作出相应约定或规定，要求员工必须在经企业专利部门批准的情况下才可以就其研发成果发表文章或者拿出来进行交流。

二、采购合同

随着技术分工越来越细化，许多企业都不能独自完成整部产品的生产，其可能生产的只是产品的关键部件，而产品的其他部件则由其他企业生产并提供给该企业由其进行组装。许多专利侵权诉讼的被告虽然是该企业，但真正对原告的专利权构成侵权的产品部件却是由其他企业提供，而非被告企业生产的，被告只是对该侵权部件进行了组装而已。因此，为了防止企业由于只是对侵权产品部件进行组装而导致其需要承担侵权责任的情形出现，企业需要在其采购合同里面就潜在的相关知识产权侵权责任承担进行约定。

（1）为了防止采购的产品部件出现侵犯他人知识产权的可能，企业应当在其采购合同中约定需要由产品部件提供商承担相应侵权责任的知识产权瑕疵担保条款。不仅应当约定提供商需要就其提供的产品部件是否存在侵犯他人知识产权的情况作尽职调查，还应当就侵权诉讼或侵权主张发生时，由谁来处理相关纠纷、处理相关纠纷所发生的费用由谁来支付、对于企业因此所遭受的损失由谁来最终承担等内容作出相应的约定。

（2）对于将由其他企业提供的、存在侵犯他人知识产权的产品部件进行组装并出售最终产品的行为，《最高人民法院关于审理侵犯专利权纠纷案件应用法律若干问题的解释》对其进行了定性，该司法解释第12条规定："将侵犯发明或者实用新型专利权的产品作为零部件，制造另一产品的，人民法院应当认定属于专利法第十一条规定的使用行为；销售该另一产品的，人民法院应当认定属于专利法第十一条规定的销售行为。将侵犯外观设计专利权的产品作为零部件，制造另一产品并销售的，人民法院应当认定属于专利法第十一条规定的销售行为，但侵犯外观设计专利权的产品在该另一产品中仅具有技术功能的除外。"由此可见，企业对侵权产品部件进行组装制造另一产品的行为被定性为使用侵权产品的行为，而对另一产品进行销售的行为则被定性为销售侵权产品行为。

然而，依据《专利法》第70条所规定的"为生产经营目的使用、许诺销售或者销售不知道是未经专利权人许可而制造并售出的专利侵权产品,能证明该产品合法来源的,不承担赔偿责任"的内容来分析,上述被定性为使用侵权产品的行为以及销售侵权产品的行为能够证明该产品合法来源的,无需承担侵权赔偿责任。

采购侵权产品部件的企业应如何对产品合法来源进行证明?其实企业如果能够充分利用其采购合同并就相关的情况进行明确约定就能够解决这一问题。实践中,许多采购合同并不能对采购的产品部件及型号具体是什么、该采购的产品部件被组装到何种产品的何种型号上、该产品部件的采购价格等内容进行明确约定。但是,这样的内容对于企业在侵权诉讼或侵权主张发生的情况下主张合法来源抗辩时是相当重要的。因此,企业有必要在其采购合同中就上述内容进行明确约定,以便将来发生侵权诉讼或侵权主张时以此主张合法来源抗辩。

三、技术合同

技术合同是当事人就技术开发、转让、咨询或者服务订立的确立相互之间权利和义务的合同。据此,技术合同包括四类,即:技术开发合同、技术转让合同、技术咨询和技术服务合同。企业在签订技术合同时,应当根据技术合同种类的不同,约定不同的知识产权条款。

(一)技术开发合同

技术开发合同是指当事人之间就新技术、新产品、新工艺或者新材料及其系统的研究开发所订立的合同。技术开发合同包括委托开发合同和合作开发合同。当事人之间就具有产业应用价值的科技成果实施转化订立的合同,参照技术开发合同的规定。

企业在签订技术开发合同时,应注意以下几方面问题。

(1)技术开发合同的形式要求:企业应当采用书面形式签订技术开发合同,这是签订技术开发合同的法定形式要件。

（2）委托开发成果的专利申请权归属：委托开发合同当事人应当就委托开发完成的发明创造的知识产权归属进行明确约定；双方当事人既可以约定归双方共同所有也可以约定归一方所有。未约定的，则对发明创造申请专利的权利依法属于研究开发人。

（3）合作开发成果的专利申请权归属：合作开发合同当事人应当就合作开发完成的发明创造的知识产权归属进行明确约定；双方当事人既可以约定归双方共同所有也可以约定归一方所有。未约定的，则对发明创造申请专利的权利依法属于合作开发的当事人共有。

（4）专利权的实施：技术合同当事人可以就专利权的实施进行约定；未约定的，但当事人共有专利权的，则共有人可以单独实施或者以普通许可方式许可他人实施该专利，许可他人实施该专利而收取的使用费则应当在共有人之间进行分配；对于委托开发合同而言，如果约定由研究开发人取得专利权，则委托人可以免费实施该专利；对于合作开发合同而言，如果当事人一方声明放弃其共有的专利申请权，则放弃专利申请权的一方可以免费实施该专利。

（5）关于技术秘密成果的约定：委托开发或合作开发当事人若决定对开发成果以技术秘密的形式进行保护的，则当事人可以就技术秘密成果的使用权、转让权以及利益的分配办法进行约定；未约定的，则可以补充协议进行约定；未能补充协议的，则依法按照合同有关条款或交易习惯进行确定；如果仍无法确定，则依法当事人都有使用和转让的权利，即均有不经对方同意而自己使用或以普通使用许可的方式许可他人使用技术秘密，并独占由此所获利益的权利。

（二）技术转让合同

技术转让合同包括专利权转让合同、专利申请权转让合同、技术秘密转让合同、专利实施许可合同。前文在"专利许可策略"一章中已对专利实施许可合同进行了专门说明。这里再就专利权转让合同、专利申请权转让合同，技术秘密转让合同进行说明。

1. 专利权转让合同、专利申请权转让合同

企业在签订专利权转让合同或专利申请权转让合同时,应当注意以下几点。

(1) 转让合同生效要件:企业应当采用书面形式签订专利权转让合同、专利申请权转让合同,这是法定的形式要件。在专利权转让合同或专利申请权转让合同签订完成后,需要到国家知识产权局进行登记,并由国家知识产权局进行公告,专利申请权或者专利权的转让自登记之日起生效。

(2) 专利申请权转让合同效力:因为专利申请权转让合同在签订的时候,合同标的还是专利申请权尚未授权,在合同签订后,该专利申请可能会被驳回或者被视为撤回。因此,在签订专利申请权转让合同时,应当就这些导致专利申请未被授权的情况的发生是否可导致合同被解除进行明确约定;如果未对此进行约定的,则依据《最高人民法院关于审理技术合同纠纷案件适用法律若干问题的解释》第23条的规定,以专利申请被驳回或者被视为撤回为由请求解除合同的,如果该事实发生在办理专利申请权转让登记之前的,则合同可解除,发生在转让登记之后的,则合同不可解除。

另外,专利申请因专利申请权转让合同成立时即存在尚未公开的同样发明创造的在先专利申请被驳回,当事人以合同是因重大误解而订立的而请求人民法院予以变更或者撤销合同的,人民法院会给予支持。

(3) 转让合同签订以前已经存在的实施或许可行为的效力:在专利权、专利申请权转让以前,转让人有可能自己就已经对其专利或专利申请进行了实施,同时,也有可能已经许可他人进行了实施。对于许可他人进行实施的情况,由于许可合同先于转让合同,许可合同的效力不会因为转让合同的签订而发生改变。因此,专利权、专利申请权转让合同的签订,不影响在合同成立前与他人订立的相

关专利实施许可合同的效力。

但是，对于在专利权、专利申请权转让以前转让人自己已经对专利、专利申请进行实施的情况，在签订专利权、专利申请权转让合同时，合同当事人之间可以就权利人是否可以继续进行实施进行明确约定；未约定的，则专利权、专利申请权转让合同正式生效后，受让人有权要求转让人停止实施被转让的专利、专利申请。

2. 技术秘密转让合同

企业在签订技术转让合同时，应当注意以下几点：

（1）技术秘密转让合同的形式要求：企业应当采用书面形式签订技术转让合同，这是签订技术转让合同的法定形式要件。

（2）使用技术秘密的范围：当事人应当就技术秘密的受让人使用技术秘密的期限、地域、方式以及接触技术秘密的人员等内容进行明确的约定；当事人未对技术秘密的使用期限进行约定的，则受让人使用技术秘密的期限依法不受限制。

（3）使用技术秘密的方式：当事人应当就技术秘密的受让人使用技术秘密的方式进行明确约定，即应当明确是独占实施、排他实施还是普通实施；没有明确约定的，则依法将被普通实施。同时，还应当就受让人是否可以再许可他人实施进行明确约定。

（4）保密义务：当事人应当约定合同双方对技术秘密承担保密义务。同时，需要就技术秘密的让与人是否可以就技术秘密申请专利进行特别约定，没有约定的，则技术秘密的让与人所承担的保密义务不包括不得申请专利的内容。

（5）侵权责任承担：受让人按照约定使用技术秘密而侵害他人合法权益的，当事人可以就侵权责任承担进行约定；未约定的，则依法应当由让与人承担。

（6）后续改进技术成果的分享：当事人可以就使用技术秘密后续改进的技术成果的分享办法进行约定。未约定的，则可以补充协议进行约定；未能补充协议的，则依法按照合同有关条款或交易习惯进行确定；如果仍无法确定，则一方后续改进的技术成果其他各方依法无权分享。

（三）技术咨询合同和技术服务合同

技术咨询合同包括就特定技术项目提供可行性论证、技术预测、专题技术调查、分析评价报告等合同；技术服务合同是指当事人一方以技术知识为另一方解决特定技术问题所订立的合同。

企业在签订技术咨询合同和技术服务合同时，应注意以下几方面的问题：

（1）侵权责任承担：技术咨询合同的当事人可以就委托人按照受托人符合约定要求的咨询报告和意见作出决策而对他人包括知识产权在内的权利造成侵权的责任承担方式进行约定；未约定的，则依法将由委托人承担。

（2）保密义务：技术咨询合同和技术服务合同的当事人可以就在合同履行过程中所使用的未对外公开的技术信息和经营信息约定保密义务。

（3）新技术成果的归属：技术咨询合同和技术服务合同的当事人可以就在合同履行过程中受托人利用委托人提供的技术资料和工作条件完成的新的技术成果、委托人利用受托人的工作成果完成的新的技术成果的归属进行约定；未约定的，则受托人利用委托人提供的技术资料和工作条件完成的新的技术成果依法将归属于受托人；委托人利用受托人的工作成果完成的新的技术成果依法将归属于委托人。

（四）技术进出口合同

技术进出口，是指从中华人民共和国境外向中华人民共和国境内，或者从中华人民共和国境内向中华人民共和国境外，通过贸易、投资或者经济技术合作的方式转移技术的行为。具体包括专利权转让、专利申请权转让、专利实施许可、技术秘密转让、技术服务和其他方式的技术转移。

企业在签订技术进出口合同时，应当注意以下几个问题：

（1）禁止或者限制进出口的技术目录：国家对技术进出口实行分类管理，对于禁止进出口的技术，不得进出口；对于限制进出口的技术，实行许可证管理；未经许可，不得进出口；而对于属于自由进出口的技术，实行合同登记管理。因此，进出口合同的当事人在签订技术进出口合同之前，应当就进出口的技术是属于禁止进出口的技术、属于限制进出口的技术，还是属于自由进出口的技术进行确定。具体可参考附于本章后面的《中国禁止进口限制进口技术目录》《中国禁止出口限制出口技术目录》。

（2）侵权责任的承担：技术进出口合同的让与人应当保证自己是所提供技术的合法拥有者或者有权转让、许可者。技术进出口合同的受让人按照合同约定使用让与人提供的技术，被第三方指控侵权的，受让人应当立即通知让与人；让与人接到通知后，应当协助受让人排除妨碍。技术进出口合同的受让人按照合同约定使用让与人提供的技术，侵害他人合法权益的，由让与人承担责任。

（3）保密义务：技术进出口合同的受让人、让与人应当在合同约定的保密范围和保密期限内，对让与人提供的技术中尚未公开的秘密部分承担保密义务。

（4）改进技术成果归属：当事人可以就在技术进出口合同有效期内的改进技术的成果的归属进行约定；未约定的，改进技术成果依法属于改进方。

（5）合同生效期：对于限制进出口的技术，申请人取得技术出口许可意向书后，方可对外进行实质性谈判，签订技术进出口合同，技术进出口合同自技术进出口许可证颁发之日起生效；而对于属于自由进出口的技术，合同自依法成立时生效，不以登记为合同生效的条件。

附 录

附录1：中国禁止进口限制进口技术目录

（禁止进口部分）

林 业

编号：050201J

技术名称：松香胺聚氧乙烯醚系列新产品生产技术

控制要点：生产工艺技术（氨解、氢化、氧乙烯化、催化剂）

编号：050202J

技术名称：司盘（Span）系列产品生产技术

控制要点：生产工艺（催化剂、醚化工艺、酯化工艺）

编号：050203J

技术名称：松香胺生产技术

控制要点：生产工艺技术（氨化、氢化、催化剂）

印刷业和记录媒介的复制

编号：052301J

技术名称：铅印工艺

控制要点：铅印工艺

石油加工、炼焦及核燃料加工业

编号：052501J

技术名称：减粘技术

控制要点：减粘技术

化学原料及化学制品制造业

编号：052601J
技术名称：农药生产技术
控制要点：高、中温钠法百草枯农药生产技术

编号：052602J
技术名称：纯碱生产技术
控制要点：氨碱法纯碱生产技术

编号：052603J
技术名称：苯胺工艺
控制要点：铁粉还原法苯胺工艺

编号：052604J
技术名称：氰化钠生产工艺
控制要点：生产氰化钠的氨钠法及氰熔体工艺

编号：052605J
技术名称：铬盐生产技术
控制要点：有钙或少钙焙烧工艺的铬盐生产技术

编号：052606J
技术名称：石化工业用水处理药剂配方
控制要点：石化工业用水处理药剂磷系和有机膦系配方

编号：052607J

技术名称：苯酐生产技术

控制要点：工艺技术及单套小于 4 万吨/年能力的反应器组、相应的切换冷凝器

医药制造业

编号：052701J

技术名称：软木塞烫蜡包装药品工艺

控制要点：软木塞烫蜡包装药品工艺

非金属矿物制品业

编号：053101J

技术名称：镁碳砖生产技术

控制要点：含有碳结合剂的镁碳砖生产技术

编号：053102J

技术名称：耐火材料技术

控制要点：产品含铬或含氧化铬成分的耐火材料技术

黑色金属冶炼及压延加工业

编号：053201J

技术名称：炼焦技术

控制要点：小于 5.5m 捣固炼焦技术

编号：053202J

技术名称：炼铁、炼钢和轧钢二手设备及配套技术

控制要点：炼铁、炼钢和轧钢二手设备及配套技术

编号：053203J

技术名称：热镀锌技术
控制要点：采用溶剂法的热镀锌技术

编号：053204J
技术名称：氮氢保护气体罩式炉退火技术
控制要点：采用氮氢保护气体作气氛

编号：053205J
技术名称：水银整流器传动控制系统技术
控制要点：水银整流器传动控制系统技术

编号：053206J
技术名称：化铁炉炼钢工艺
控制要点：将冷状态生铁在化铁炉中重新熔化进行炼钢的生产技术

编号：053207J
技术名称：热烧结矿工艺
控制要点：热烧结矿工艺

有色金属冶炼及压延加工业

编号：053301J
技术名称：氧化铜线杆生产技术
控制要点：铜线锭、燃煤加热、横列式轧制、表面氧化（又称黑杆）

编号：053302J
技术名称：常规炭浆技术
控制要点：常规炭浆技术

编号：053303J
技术名称：氰化法电镀黄铜连续作业线技术
控制要点：采用氰化法电镀黄铜技术

编号：053304J
技术名称：电解铝生产工艺
控制要点：自焙槽电解铝生产工艺

编号：053305J
技术名称：稀土矿冶炼工艺
控制要点：各种类型稀土矿冶炼工艺

编号：053306J
技术名称：炼铅工艺
控制要点：采用烧结锅、烧结盘炼铅工艺

编号：053307J
技术名称：密闭鼓风炉炼铜技术
控制要点：炉床面积 $1.5m^2$ 及以下密闭鼓风炉炼铜技术

编号：053308J
技术名称：冶炼烟气制酸干法净化和热浓酸洗涤技术
控制要点：冶炼烟气制酸干法净化和热浓酸洗涤技术

编号：053309J
技术名称：金矿选矿、精炼工艺
控制要点：混汞提金工艺

编号：053310J

技术名称：单一稀土分离制备技术

控制要点：除钇以外的 16 个单一稀土元素的萃取分离制备技术

编号：053311J

技术名称：稀土精矿前处理技术

控制要点：1. 混合稀土矿的选冶技术

2. 氟碳铈矿的选冶技术

3. 离子型矿的选冶技术

交通运输设备制造业

编号：053701J

技术名称：汽车发动机产品技术

控制要点：升功率低于 50kW 汽油机制造技术，升功率低于 40kW 的 3L 以下柴油发动机制造技术

电气机械及器材制造业

编号：053901J

技术名称：含铅绝缘漆技术

控制要点：含铅绝缘漆技术

编号：053902J

技术名称：含卤覆铜板技术

控制要点：含卤覆铜板技术

编号：053903J

技术名称：汽车氟利昂空调系统技术及石棉摩擦材料制品技术

控制要点：汽车氟利昂空调系统技术及石棉摩擦材料制品技术

编号：053904J
技术名称：电池制造技术
控制要点：含汞碱锰电池设备和技术

编号：053905J
技术名称：氟利昂制冷技术
控制要点：采用 CFCs 物质作为制冷工质的制冷产品技术，如电冰箱、商用冷柜、压缩机等

附录2：中国禁止进口限制进口技术目录
（限制进口部分）

农 业

编号：050101X
技术名称：复合微生物制剂
控制要点：生产各种固体、液体发酵活菌及产物的技术

编号：050102X
技术名称：农业转基因生物应用技术
控制要点：1. 转基因动植物（含种子、种畜禽、水产苗种）和微生物技术
2. 转基因动植物、微生物产品技术
3. 转基因农产品的直接加工技术

食品制造业

编号：051401X
技术名称：发酵生产用的基因工程菌种技术
控制要点：通过现代生物技术手段改良的基因工程菌种、蛋白质工程菌种的技术

编号：051402X
技术名称：盐硝联产成套技术
控制要点：盐硝联产成套技术

纺 织 业

编号：051701X
技术名称：有梭织造技术
控制要点：有梭织造技术

编号：051702X
技术名称：印染技术
控制要点：1. 大浴比（丝、毛面料专用染机除外）、电加热、热源及冷却水无回收利用的染整技术
2. 氯、亚漂和高含量甲醛后整理，包括有害重金属粒子的染色等染整工艺技术

石油加工、炼焦及核燃料加工业

编号：052501X
技术名称：半再生重整技术
控制要点：半再生重整技术

化学原料及化学制品制造业

编号：052601X
技术名称：低温低压氨合成催化剂技术
控制要点：$Fe_{1-x}O$ 基催化剂

编号：052602X
技术名称：苯酐生产技术
控制要点：除052607J以外的技术

编号：052603X

技术名称：磷铵工艺

控制要点：料浆法转鼓造粒磷铵工艺技术

编号：052604X

技术名称：磷酸二铵生产技术

控制要点：单系列年产48万吨及以下能力的磷酸二铵生产技术

编号：052605X

技术名称：硫酸生产技术

控制要点：1. 单系列年产60万吨及以下能力，以硫黄为原料的硫酸生产技术

2. 单系列年产40万吨及以下能力，以硫铁矿为原料的硫酸生产技术

编号：052606X

技术名称：氮磷钾生产工艺

控制要点：尿基氮磷钾生产工艺

编号：052607X

技术名称：颜料生产技术

控制要点：3,3-二氯联苯胺、联苯胺型颜料生产技术

编号：052608X

技术名称：甲苯歧化工艺技术

控制要点：甲苯歧化工艺技术

编号：052609X

技术名称：芳烃抽提成套工艺技术

控制要点：芳烃抽提成套工艺技术

编号：052610X
技术名称：丁二烯 DMF 法抽提成套工艺技术
控制要点：5 万吨及以下丁二烯 DMF 法抽提成套工艺技术

编号：052611X
技术名称：丙烯腈成套工艺技术
控制要点：单线生产能力 6 万吨/年及以下的丙烯腈成套工艺技术

编号：052612X
技术名称：聚脂成套工艺技术
控制要点：单线生产能力 15 万吨/年及以下的聚脂成套工艺技术

编号：052613X
技术名称：二元酸工艺技术
控制要点：发酵法生产长链二元酸工艺技术

非金属矿物制品业

编号：053101X
技术名称：陶瓷辊道式连续干燥、烧成技术
控制要点：烧成温度 <1300℃ 的技术

编号：053102X
技术名称：陶瓷墙地砖全自动压制技术
控制要点：压制力 < 4000T 的技术

黑色金属冶炼及压延加工业

编号：053201X

技术名称：红铁矿选矿工艺

控制要点：1. 弱磁 – 强磁 – 浮选工艺

2. 弱磁 – 强磁 – 阴离子反浮选工艺

3. 焙烧磁选工艺

编号：053202X

技术名称：普通钢常规板坯连铸机技术

控制要点：浇注宽度≤1600mm的普通钢常规板坯连铸机技术

编号：053203X

技术名称：红外碳硫分析技术和原子吸收分析技术

控制要点：红外碳硫分析技术和原子吸收分析技术

编号：053204X

技术名称：普通钢方坯连铸机技术

控制要点：浇注断面小于300mm×300mm的普通钢方坯连铸机技术

编号：053205X

技术名称：湿式电除尘器（W – EP）技术

控制要点：湿式电除尘器（W – EP）（包括其配套件）的生产技术

编号：053206X

技术名称：热轧带钢平整分卷机组技术

控制要点：机械、液压、公辅设施、电气传动、自动化系统硬件等设备和控制软件

编号：053207X

技术名称：热轧板坯加热炉技术

控制要点：机械、液压、公辅设施、电气传动等设备和控制软件

编号：053208X

技术名称：热轧带钢纵切线技术

控制要点：机械、液压、公辅设施、电气传动等设备和控制软件

编号：053209X

技术名称：热轧带钢薄规格横切线技术

控制要点：剪切厚度小于12.7mm，强度级别小于700MPa的横切线机械、液压、公辅设施、电气传动等设备和控制软件

编号：053210X

技术名称：小型棒材及线材生产线设备技术

控制要点：棒材直径小于60mm、最大轧制速度小于18m/s；线材直径小于16mm、最大轧制速度小于90m/s的碳钢及低合金钢生产技术（棒材及线材打捆机、控轧控冷技术及主轧机交流变频传动装置除外）

编号：053211X

技术名称：棒线材轧机起停式飞剪控制系统

控制要点：控制设备、应用软件

编号：053212X

技术名称：棒线材轧机基础自动化控制系统

控制要点：控制系统集成、应用软件

编号：053213X

技术名称：冷拔管机技术

控制要点：冷拔管机技术

编号：053214X
技术名称：焊管机组技术
控制要点：14"及其以下普通高频焊管机组技术

编号：053215X
技术名称：连续热镀锌机组技术
控制要点：能力15万吨/年以下的连续热镀锌机组技术（焊机、锌锅、气刀、光整机、拉矫机、全自动打捆机等设备，可单机引进）

编号：053216X
技术名称：加热炉汽化冷却技术
控制要点：1. 步进梁式加热炉汽化冷却技术
2. 推钢式加热炉汽化冷却技术

编号：053217X
技术名称：中低牌号无取向电工钢生产技术
控制要点：50A470以下的低牌号无取向电工钢生产技术

编号：053218X
技术名称：冷轧中、低牌号无取向硅钢生产技术
控制要点：1. 推拉式酸洗生产技术
2. 剪切/包装生产技术（切边剪、打包机可单机引进）

有色金属冶炼及压延加工业

编号：053301X
技术名称：原矿、精矿预氧化技术

控制要点：1. 原矿焙烧技术（含采用沸腾、富氧、多段和固化等焙烧技术）

2. 加压氧化技术（包括常压以上的预处理技术）

3. 细菌预氧化（包括用细菌浸出、预氧化等技术）

编号：053302X

技术名称：一水硬铝石型铝土矿生产氧化铝工艺技术

控制要点：一水硬铝石型铝土矿拜耳法生产氧化铝的工艺技术

编号：053303X

技术名称：350kA 预焙铝电解槽电解工艺技术

控制要点：电流强度在 350kA 以下等级的预焙铝电解槽工艺及制造技术，但不包括控制软件技术

编号：053304X

技术名称：1600 吨以下挤压机及挤压技术

控制要点：1600 吨以下挤压机及挤压技术

编号：053305X

技术名称：350kA 以下预焙铝电解槽设计及制造技术

控制要点：电解槽结构设计，制造技术包括母线配置方式，阳极提升系统

通用设备制造业

编号：053501X

技术名称：燃油锅炉制造技术

控制要点：锅炉本体的制造技术

编号：053502X

技术名称：一般蝶阀设计与制造技术（口径1040mm以下）

控制要点：中线型、双偏心与三偏心型，软密封与金属密封技术及大口径缓闭蝶阀技术

编号：053503X

技术名称：小口径精密铸造阀门设计与制造技术（2"以下）

控制要点：精密铸造阀门包括碳钢、合金钢和耐酸钢的球阀设计与制造技术

编号：053504X

技术名称：一般疏水阀设计与制造技术

控制要点：双金属片型，钟型浮子式疏水阀设计与制造技术

编号：053505X

技术名称：一般高中压铸钢阀门设计和制造技术

控制要点：一般高中压铸钢阀门包括碳钢、合金钢阀门的设计与制造技术

编号：053506X

技术名称：常规使用的离心机设计、制造及应用技术

控制要点：常规使用的三足式、刮刀式（虹吸）制造及应用技术

专用设备制造业

编号：053601X

技术名称：电炉（EAF）自动化控制系统成套技术

控制要点：电炉（EAF）自动化控制系统硬件、软件成套技术包括：

1. 电炉智能电极调节器

2. 电炉电极升降调节系统技术

3. 电炉本体设备控制技术（液压系统、高压系统、冷却水系统、吹氩系统、测温取样枪、顶枪吹氩系统、钢包车等系统的控制）

4. 喂丝系统控制技术

5. 电炉合金加料系统控制技术

6. 电炉除尘系统控制技术

7. 过程级自动化系统

8. 各类过程优化模型

编号：053602X

技术名称：滚切式定尺剪技术

控制要点：1. 设备设计、制造技术

2. 电气控制设计及制作技术

编号：053603X

技术名称：滚切式双边剪（三轴三偏心）技术

控制要点：1. 设备设计、制造技术

2. 电气控制设计及制作技术

编号：053604X

技术名称：中小型拖拉机制造技术

控制要点：44kW 以下的拖拉机制造技术，只带有后动力输出轴、后液压选挂系统、机械转向、拖拉机档位少于 10 个前进档，变速箱无啮合套或同步器或行星机构、无驾驶室。

编号：053605X

技术名称：种子加工机械技术

控制要点：生产能力≤5吨/小时的种子加工成套设备技术

编号：053606X

技术名称：饲料挤压膨化机组设备技术

控制要点：饲料挤压膨化设备整机技术，包括饲料干法挤压膨化机组产品技术、饲料湿法挤压膨化机组产品技术以及制造技术

编号：053607X

技术名称：基于快速原型（RPM）或数控（NC）技术的快速经济模具技术

控制要点：利用RPM制作样模；采用传统快速经济模具技术，通过拷贝方式浇铸铋锡合金模具；通过数控方式，直接加工锌基合金模具

编号：053608X

技术名称：冷冲模设计与制造技术

控制要点：电器芯片、电机铁芯片、空调器散热片、电子枪零件、电子电脑零件、引线框架零件等的冲压成形技术

编号：053609X

技术名称：塑料模设计与制造技术

控制要点：家电类模具、汽车内饰件模具的设计与制造技术

交通运输设备制造业

编号：053701X

技术名称：汽车发动机产品技术

控制要点：升功率低于30kW的3L以上柴油机制造技术

电气机械及器材制造业

编号：053901X

技术名称：气体绝缘金属封闭开关设备（GIS）和各种断路器（GCB）的设计、制造技术

控制要点：交流550kV及以下电压等级的气体绝缘金属封闭开关设备（GIS）和各种断路器（GCB）的设计、制造技术

编号：053902X

技术名称：湿法成型瓷绝缘子制造技术

控制要点：500kV及以下的湿法成型棒形、悬式、空心瓷绝缘子制造技术

编号：053903X

技术名称：中小功率内燃机发电机组产品及技术

控制要点：中小功率内燃机发电组成套产品及配套的发动机、发电机、控制柜等产品及技术

编号：053904X

技术名称：发电机制造技术

控制要点：1. 200~300MW空内冷发电机制造技术

2. 700MW级以下容量混流式水轮发电机组技术

3. 大型贯流式水轮发电机组技术

4. 700MW级以下容量水冷和氢冷汽轮发电机技术

5. 200MW及以下空冷汽轮发电机设计制造技术

编号：053905X

技术名称：高能耗家用电器产品制造技术

控制要点：高能耗的家用电器产品制造技术

编号：053906X

技术名称：电池生产设备和技术

控制要点：1. 普通锌锰电池生产设备和技术

2. 普通开口式铅蓄电池生产设备和技术

3. 镉镍电池生产设备和技术

编号：053907X

技术名称：F级重型燃气轮机技术

控制要点：F级重型燃气轮机技术中压气机、燃烧室、透平部件的制造和装配技术

编号：053908X

技术名称：600MW及以下常规亚临界锅炉及辅机技术

控制要点：1. 锅炉热力性能设计、水循环系统设计

2. 锅炉制造及运行控制技术

3. 燃烧系统设计

编号：053909X

技术名称：300MW以下循环流化床锅炉（CFB）技术

控制要点：1. CFB锅炉主循环回路系统设计

2. 给煤、除渣等关键设备设计

3. 制造及运行控制技术

编号：053910X

技术名称：变压器、电抗器类技术

控制要点：750kV级及以下电压等级的交流电工工程用变压器电抗

器的技术

编号：053911X

技术名称：换流站设备系统研究与成套设计、系统模拟技术

控制要点：±500kV及以下电压等级超高压直流输电工程换流站设备系统研究与成套设计方法、系统模拟技术的建模和模拟方法

仪器仪表及文化、办公用机械制造业

编号：054101X

技术名称：民用电度表、水表、煤气表制造技术

控制要点：1. 民用机电一体化单相电度表制造技术

2. 民用干式、湿式模拟水表制造技术

3. 民用不同测量原理的煤气表制造技术

编号：054102X

技术名称：单组份气体分析仪器技术

控制要点：采用红外、紫外、光谱法、热磁、热导、电化学原理，检测CO、CO_2、SO_2、H_2、O_2等单一组份含量的分析仪器的设计制造技术

编号：054103X

技术名称：数字和传统彩扩设备制造技术

控制要点：1. 图像数字化处理技术

2. 加色法灯箱制造技术

3. 彩色照片洗印技术

编号：054104X

技术名称：速印机（油印机）制造技术

控制要点：1. 精密机械加工技术
2. 印刷技术

编号：054105X

技术名称：碎纸机制造技术

控制要点：1. 精密机械加工制造技术
2. 模具加工技术

编号：054106X

技术名称：真空脱气炉（VD）自动化控制系统成套技术

控制要点：真空脱气炉（VD）自动化控制系统硬件、软件成套技术

1. 真空系统控制技术

2. 真空脱气炉本体设备控制技术（液压系统、灌盖车、罐车、冷却水系统、吹氩系统、蒸汽等系统的控制）

3. 喂丝系统控制技术

4. 真空脱气炉合金加料系统控制技术

5. 真空脱气炉除尘系统控制技术

6. 过程级自动化系统

7. 各类过程优化模型

电力、热力的生产和供应业

编号：054401X

技术名称：超临界发电技术

控制要点：超临界机组发电设备及配套辅机的制造技术

编号：054402X

技术名称：亚临界发电机组设计、制造技术

控制要点：600MW级以下亚临界机组发电设备及配套辅机设计制造技术

编号：054403X
技术名称：典型湿式石灰石石膏法烟气脱硫技术
控制要点：石灰石石膏法设计技术（不包括部分关键设备的设计与制造技术）

银 行 业

编号：056801X
技术名称：印制人民币特有的防伪技术、工艺
控制要点：印制人民币特有的防伪技术、工艺

环境管理业

编号：058001X
技术名称：通用（常规）电除尘及供电电源制造技术
控制要点：1. 常规电除尘器板线配置、振打装置等生产线技术
2. 常规可控调压电源制造技术

编号：058002X
技术名称：火电厂石灰石－石膏法、循环流化床法烟气脱硫工艺技术
控制要点：1. 石灰石－石膏法烟气脱硫工艺
2. 循环流化床法烟气脱硫工艺

编号：058003X
技术名称：常规污水处理技术
控制要点：1. 常规活性污泥法、生物膜法和厌气生物法泥Ⅰ、Ⅱ级

污水处理工艺技术

2. 常规化学法、物理法污水处理工艺技术

编号：058004X

技术名称：生活垃圾好氧生物处理（堆肥）工艺技术

控制要点：1. 常规生活垃圾好氧生物处理（堆肥）工艺技术，但不包括翻堆机、垃圾破碎设备等关键设备的生产技术

2. 混合生活垃圾堆肥技术

3. 生活垃圾"零污染"处理技术

编号：058005X

技术名称：大载荷阻尼弹簧隔振的阻尼技术

控制要点：大载荷阻尼弹簧隔振的阻尼技术

附录3：中国禁止出口限制出口技术目录
（禁止出口部分）

畜 牧 业

编号：050301J
技术名称：畜牧品种的繁育技术
控制要点：《国家畜禽品种出口管理分级名录》列为"一级"类品种的繁育技术

编号：050302J
技术名称：微生物肥料技术
控制要点：微生物肥料技术

编号：050303J
技术名称：中国特有的物种资源技术
控制要点：紫杉醇及相关技术

编号：050304J
技术名称：蚕类品种、繁育和蚕茧采集加工利用技术
控制要点：1. 桑蚕一般品种的原种、原原种、母种
2. 柞蚕、蓖麻蚕、天蚕等蚕类及近缘绢丝昆虫利用技术

渔 业

编号：050401J

技术名称：水产品种的繁育技术

控制要点：《我国现阶段不对外交换的水产种质资源名录》所列种质的繁育技术

农、林、牧、渔服务业

编号：050501J

技术名称：绿色植物生长调节剂制造技术

控制要点：产品配方

有色金属矿采选业

编号：050901J

技术名称：采矿工程技术

控制要点：离子型稀土矿山浸取工艺

农副食品加工业

编号：051301J

技术名称：肉类加工技术

控制要点：金华火腿生产工艺

饮料制造业

编号：051501J

技术名称：饮料生产技术

控制要点：1. 初、精制茶制作技术
2. 珠茶初制炒干设备的生产技术

造纸及纸制品业

编号：052201J

技术名称：造纸技术

控制要点：1. 宣纸的生产工艺
2. 迁安书画纸的配方及生产工艺

化学原料及化学制品制造业

编号：052601J

技术名称：焰火、爆竹生产技术

控制要点：鞭炮、烟花制造工艺

1. 引燃点爆装置的弹体装填工艺
2. 装填药物配方及黏合剂
3. 球壳的机械成形工艺
4. 多色彩药粒闪光炮药物配方及制作工艺
5. 合金粉的配方及生产工艺
6. 无烟礼花的药物配方及制作工艺

医药制造业

编号：052701J

技术名称：化学合成及半合成咖啡因生产技术

控制要点：咖啡因生产工艺技术

编号：052702J

技术名称：核黄素（VB2）生产工艺

控制要点：1. 核黄素 BS-5 基因工程菌的筛选、培养条件、摇瓶配方

2. 核黄素发酵种子培养配方、培养、发酵罐培养配方、培养条件，发酵主要工艺参数（pH 值、温度、罐压、风量、溶氧）

3. 核黄素提取路线、溶媒、主要工艺参数（pH 值、温度）

编号：052703J

技术名称：中药材资源及生产技术

控制要点：1. 世界珍稀、濒危保护动植物中的野生中药资源及其繁育技术

2.《中国珍稀、濒危保护植物名录》（1986年）中收录的我国药材种质和基因资源及其繁育技术

3. 濒危、珍稀药材代用品的配方和生产技术

4. 菌类药材的菌种、菌株、纯化、培养、发酵和生产工艺包括下列菌种：

冬虫夏草

羊肚菌

牛舌菌

云芝

树舌

灵芝（紫芝、赤芝）

雷丸

猪苓

密环菌

松茸

短裙竹荪

长裙竹荪

黄裙竹荪

大马勃

黑柄炭角菌

茯苓

编号：052704J

技术名称：中药饮片炮制技术

控制要点：1. 毒性中药的炮制工艺和产地加工技术

（1）制川乌

（2）制草乌

（3）制南星、胆南星

（4）制白附子

（5）清半夏、法半夏、姜半夏

（6）制关白附

（7）制附子

（8）制商陆

（9）制马钱子

（10）煨肉豆蔻

（11）制芫花

（12）制蟾酥

（13）制藤黄

（14）制甘遂

（15）制狼毒

（16）巴豆霜

（17）制斑蝥

（18）制青娘子

（19）飞雄黄

（20）飞朱砂

（21）制金大戟

（22）千金子霜

2. 常用大宗中药的炮制工艺和产地加工技术

（1）熟大黄

（2）熟地黄

（3）制何首乌

（4）制香附

（5）鹿茸

(6) 紫河车

(7) 六神曲

(8) 建神曲

(9) 炮山甲

(10) 制肉苁蓉

(11) 制黄精

(12) 制山茱萸

(13) 制女贞子

(14) 红参

(15) 厚朴

(16) 阿胶

(17) 龙血竭

编号：052705J

技术名称：化学合成及半合成药物生产技术

控制要点：维生素C中间体2-酮基-L-古龙酸二步发酵制备技术

非金属矿物制品业

编号：053101J

技术名称：非晶无机非金属材料生产技术

控制要点：激光技术用大功率、大尺寸钕玻璃制备工艺技术

编号：053102J

技术名称：低维无机非金属材料生产技术

控制要点：具有下列特征之一的硬质低密度、黏结着碳纤维或非纤维状碳的绝热材料生产技术

1. 可在2273K（2000℃）以上高温条件下使用

2. 密度在 $100\sim300kg/m^3$ 之间

3. 压缩强度在 0.1~1.0MPa 之间
4. 挠曲强度≥1.0MPa
5. 碳含量占总固体的 99.9% 以上

有色金属冶炼及压延加工业

编号：053301J

技术名称：有色金属冶金技术

控制要点：离子吸附型稀土堆浸提取技术及配方

编号：053302J

技术名称：稀土的提炼、加工、利用技术

控制要点：1. 全萃取连续分离稀土元素及稀土萃取的"多出口"工艺及参数

2. 稀土萃取剂的合成工艺
3. 提取单一稀土（纯度≥99%）的工艺技术
4. 金属材料的稀土添加技术
5. 稀土合金材料及其制品的生产技术
6. 从离子型稀土矿中提取稀土元素的工艺和参数

专用设备制造业

编号：053601J

技术名称：农用机械制造技术

控制要点：珠茶、扁茶成形工艺及设备设计、制造技术

交通运输设备制造业

编号：053701J

技术名称：航天器测控技术

控制要点：卫星及其运载无线电遥测的加密技术

编号：053702J

技术名称：航空器设计与制造技术

控制要点：航空燃气轮机核心机的设计技术和制造技术

通信设备、计算机及其他电子设备制造业

编号：054001J

技术名称：集成电路制造技术

控制要点：抗辐照技术、工艺

（1）抗静电≥2500V，抗瞬时剂量率>1×1011 rad（Si）-s的CMOS/SOS〔蓝宝石上外延硅/互补型金属氧化物半导体〕器件制造技术

（2）抗静电≥3000V，抗瞬时剂量率>1×1011 rad（Si）-s的双极器件制造技术

编号：054002J

技术名称：机器人制造技术

控制要点：遥控核化侦察机器人制造技术

仪器仪表及文化、办公用机械制造业

编号：054101J

技术名称：地图制图技术

控制要点：直接输出比例尺≥1：100000我国地形图要素的图像产品及其应用技术

工艺品及其他制造业

编号：054201J

技术名称：书画墨、八宝印泥制造技术

控制要点：1. 书画墨的配方

2. 八宝印泥的配方

建筑装饰业

编号：054901J

技术名称：中国传统建筑技术

控制要点：1. 传统建筑材料的制作工艺
2. 传统建筑装饰工艺

电信和其他信息传输服务业

编号：056001J

技术名称：计算机网络技术

控制要点：我国政府、政治、经济、金融部门使用的涉及国家秘密的信息安全保密技术

编号：056002J

技术名称：空间数据传输技术

控制要点：涉及下列其中之一的卫星控制信息传输保密技术
1. 保密原理、方案及线路设计技术
2. 加密与解密的软件、硬件

编号：056003J

技术名称：卫星应用技术

控制要点：双星导航定位系统信息传输加密技术

专业技术服务业

编号：057601J

技术名称：大地测量技术

控制要点：1. 直接输出我国大地坐标的卫星定位技术

2. 我国大地、卫星、重力、高程数据库及其开发应用技术
3. 我国地球重力场模型

卫　生

编号：058501J

技术名称：中医医疗技术

控制要点：针麻开颅手术的关键穴位

附录4：中国禁止出口限制出口技术目录

（限制出口部分）

农 业

编号：050101X

技术名称：农作物（含牧草）繁育技术

控制要点：1. 粮、棉、油作物两系、三系杂交优势利用制种技术

2. 显性核不育油菜三系制种技术

3. 蔬菜自交不亲和系及雄性不育系选育和应用技术

4. 玉米花药培养基制备工艺

5. 发菜人工制种增殖技术

编号：050102X

技术名称：经济作物栽培繁育技术

控制要点：苎麻栽培繁育技术

1. 苎麻新品种配套栽培技术

2. 苎麻嫩梢扦插快繁技术

3. 苎麻压条繁殖技术

林 业

编号：050201X

技术名称：林木种质资源及其繁育技术

控制要点：1.《国家保护野生植物名录》所列Ⅰ级野生植物繁育技术

2. 杨树三倍体及其繁育技术

3. 列入《濒危野生动植物种国际贸易公约》的野生植物繁育技术

编号：050202X

技术名称：园林植物、观赏植物繁育技术

控制要点：《国家保护野生植物名录》所列观赏植物的繁育技术

编号：050203X

技术名称：野生动物人工繁育及保护技术

控制要点：1. 列入《国家重点保护野生动物名录》Ⅲ级动物的繁育技术及幼子、幼雏半岁前关键哺育手段和饲料配方、添加剂

2. 珍稀鸟类朱鹮饲料配方及加工技术

3. 珍稀哺乳类大熊猫的人工育幼技术

畜 牧 业

编号：050301X

技术名称：畜牧品种的繁育技术

控制要点：1.《国家畜禽品种出口管理分级名录》列为"二级"类品种的繁育技术

2. 百色矮马繁育技术

3. 巴马（环江）香猪繁育技术

4. 北京油鸡繁育技术

渔 业

编号：050401X

技术名称：水产种质繁育技术

控制要点：1.《我国现阶段有条件对外交换的水产种质资源名录》所列种质的繁育技术

2. 淡水微藻的培养生产工艺

（1）藻种纯化和杂藻抑控制技术

（2）藻类培养工艺和浓缩技术

（3）有关监测工艺

（4）培养水体水质测控技术

3. 梭鱼人工繁殖技术

（1）淡水培育亲鱼，药物诱导人工繁殖育苗技术

4. 鳜鱼人工育苗及人工饲料养殖技术

（1）鳜鱼人工育苗催产技术

（2）稚鱼开口饵料及其同步培养技术

5. 河蟹人工繁殖技术

（1）催产技术、设施、工艺

（2）幼体培育、开口饵料

（3）病害防治

（4）河蟹亲体培育

6. 石斑鱼人工育苗技术

（1）亲鱼培育

（2）催熟、催产技术、药物

（3）苗种培育，食性转换，过渡饵料

7. 乌塘鳢人工育苗技术

（1）幼鱼培育技术、工艺

（2）亲鱼培育、催产技术、工艺

8. 合浦绒螯蟹人工繁殖技术

农、林、牧、渔服务业

编号：050501X

技术名称：兽药生产技术

控制要点：1. 马传贫弱毒毒种及疫苗生产工艺

2. 猪喘气病弱毒毒种及疫苗生产工艺

3. 山羊痘弱毒疫苗生产工艺

4. 羊痘疫苗毒种及疫苗生产工艺

5. 牛肺疫弱毒毒种及疫苗生产工艺

6. 牛瘟弱毒疫苗生产工艺

7. 猪瘟弱毒疫苗生产工艺

8. 鸭瘟弱毒毒种及疫苗生产工艺

9. 牛环形泰勒焦虫病细胞苗及疫苗生产工艺

10. 猪丹毒弱毒毒种

11. 禽霍乱蜂胶灭活菌苗

（1）蜂胶佐剂生产工艺

（2）菌苗生产工艺

12. 灭活疫苗乳化技术

13. 疫苗佐剂配方

14. 禽出败 B26－T1200 弱毒菌种及菌苗生产工艺

15. 高致病性禽流感疫苗生产工艺

16. 口蹄疫疫苗生产工艺

编号：050502X

技术名称：畜禽饲料及兽用生长调节剂生产技术

控制要点：1. 抗坏血酸多聚磷酸酯生产技术

2. 增茸灵的处方及制造工艺

3. 水弥散型饲用维生素 A、D、E 干粉及其预混剂生产工艺

编号：050503X

技术名称：畜产品加工技术

控制要点：微波能和远红外线加工鹿茸的加工工艺和技术路线、方法

编号：050504X

技术名称：蜂类繁育和蜂产品采集、加工及利用技术

控制要点：1. 蜂毒采毒技术

2. 蜂蜡脱色技术

3. 花粉破壁技术

4. 防癌蜂产品制品配制技术

编号：050505X

技术名称：兽医卫生检疫技术

控制要点：1. 猪瘟强弱毒抗体检测技术

（1）单克隆抗体杂交瘤细胞株

（2）试剂生产工艺

2. 马传贫强弱毒抗体检测技术

（1）单克隆抗体杂交瘤细胞株

（2）试剂生产工艺

编号：050506X

技术名称：森林病虫害防治技术

控制要点：1. 针对森林害虫有明显抑制作用的捕食性、寄生性天敌（昆虫种、菌种和其他生物种）及其保存、繁殖技术

2. 苏云金杆菌菌剂制备中的助剂配方

3. 高毒力白僵菌孢子粉及其生产技术

编号：050507X

技术名称：林产化学产品加工技术

控制要点：1. 植物聚戊烯醇的提取工艺及深加工技术

2. 植物聚戊烯醇制剂的加工及其护肝、抗病毒、抑制肿瘤的药物

3. 聚戊烯醇磷酸酯的合成工艺及深加工技术

4. 银杏叶聚戊烯醇及银杏叶提取物制备方法

5. 银杏外种皮的深加工技术

6. 橄榄叶提取物的加工技术及其深加工技术

7. 大容量电容器用活性炭的制造技术

8. 杜仲胶的提取工艺及深加工技术

9. 中国主要速生制浆材材性性能指标

10. 非木材纤维和林产加工剩余物制浆造纸技术（果壳纤维、韧皮纤维、农业剩余物制浆技术）

11. 传统手工纸生产技术

编号：050508X

技术名称：新城疫疫苗技术

控制要点：新城疫疫苗技术

农副食品加工业

编号：051301X

技术名称：粮食加工技术

控制要点：1. 米糠综合利用技术

2. 谷维素、甾醇、肌醇生产工艺技术

编号：051302X

技术名称：糖加工技术

控制要点：夹心单晶冰糖生产工艺

编号：051303X

技术名称：蛋品加工技术

控制要点：无铅松花蛋加工工艺

食品制造业

编号：051401X

技术名称：食品添加剂生产技术

控制要点：1. 盐藻中胡萝卜素提取工艺

2. 红曲色素菌种及色素的提取技术

3. 以薯干为原料的柠檬酸生产菌种

4. 以玉米芯或以蔗渣为原料生产木糖醇净化及结晶、催化氢化技术

饮料制造业

编号：051501X

技术名称：饮料生产技术

控制要点：1. 非酒精饮料生产技术

（1）椰树牌天然椰子汁的生产工艺

（2）非常可乐主剂配方及生产工艺

（3）特定功能性饮料的生产技术

2. 酒精饮料生产技术

（1）运用计算机勾兑调味川酒技术

（2）茅台酒的生产工艺

（3）黄酒生产制曲、酒药生产工艺技术

纺 织 业

编号：051701X

技术名称：纺织天然纤维制品及其加工技术

控制要点：1. 苎麻织物后整理技术

2. 松堆丝光工艺

编号：051702X

技术名称：大豆蛋白纤维制造技术

控制要点：大豆蛋白纤维制造技术

编号：051703X

技术名称：莨香绸加工技术

控制要点：莨香绸加工工艺

编号：051704X

技术名称：纺织纤维制品及其加工技术

控制要点：1. 独特传统处方的靛蓝染色工艺

（1）手织布的靛蓝染色工艺

2. 传统手工扎染工艺技术

（1）传统手工扎染工艺技术

3. 真丝绸制品的蜡染工艺

（1）真丝绸蜡染工艺

4. 真丝绸防缩抗皱加工技术

（1）真丝绸防缩抗皱加工工艺

（2）真丝绸防缩抗皱助剂配方

造纸及纸制品业

编号：052201X

技术名称：造纸技术

控制要点：1. 过滤精度≤5μ级航空油滤纸的配方及工艺

2. 水溶性或速燃文件用纸生产工艺

3. 棉杆新闻纸生产技术及工艺

4. 毒剂液滴侦检纸技术

5. 剑麻为原料生产的电容器纸的生产工艺与配方

化学原料及化学制品制造业

编号：052601X

技术名称：化学原料生产技术

控制要点：1. 三聚氯氰一步法生产技术

2. 离子交换法生产仲钨酸铵技术

3. 对氨基苯磺酸精制工艺

4. 电化学法制备丁二酸工艺

编号：052602X

技术名称：化学农药生产技术

控制要点：1. 氯氰菊酯生产技术

2. 杀虫双及杀虫单生产技术

3. 噻枯唑生产技术

4. 溴氟菊酯生产技术

5. 氟氰戊菊酯制备工艺

（1）以甲氧基苯乙腈为原料合成本品工艺

（2）收率≥50%

6. 双酰胺氧醚制备工艺

（1）中间体二氯乙醚的制备和成品缩合工艺

（2）缩合收率≥75%

7. 咪唑酸酯制备工艺

（1）以氯乙酸为原料制备本品工艺

（2）总收率≥24%

8. 杀灭菊酯制备工艺

9. 以中草药为主的植物性农药制备技术

编号：052603X

技术名称：生物农药生产技术

控制要点：1. 灭蝗微孢子虫制剂生产工艺

2. 防治草原毛虫的梭形多角体病毒毒种及制剂生产工艺

3. 井岗霉素菌种及生产技术

4. 华光霉素菌种及生产技术

5. 浏阳霉素菌种及生产技术

6. 金核霉素菌种及生产技术

7. 宁南霉素菌种及生产技术

编号：052604X

技术名称：染料生产技术

控制要点：紫外反射率≥80％的白色荧光染料合成技术

编号：052605X

技术名称：涂料生产技术

控制要点：多色彩、多波长激光隐身涂料配方及生产技术

编号：052606X

技术名称：催化剂生产技术

控制要点：1. 醇一步法制叔胺催化剂制备技术

2. 二氧化钛载体制备技术

3. 氧含量＜1ppm的气体脱氧催化剂的配方及制备工艺

编号：052607X

技术名称：感光材料生产技术

控制要点：1. 彩色负性感光材料乳剂制备技术

2. 航天、航空用感光材料乳剂制备技术

3. 感光材料制造专用化学品合成技术

编号：052608X

技术名称：合成纤维生产技术

控制要点：1. 硝酸一步法聚丙烯腈原丝和碳纤维加工技术

2. 芳纶合成技术

编号：052609X

技术名称：合成树脂及其制品生产技术

控制要点：双马来酰亚胺树脂的配方及合成工艺

编号：052610X

技术名称：工业炸药及其生产技术

控制要点：1. 硝酸铵改性处理技术、工艺

2. 改性硝酸铵系列炸药的配方、生产工艺

编号：052611X

技术名称：工业雷管生产技术

控制要点：1. 磁电雷管的柱状安全元件的制造与装配技术

2. 铁脚线磁电雷管的引爆及检测技术

3. 无起爆药雷管的药剂配方、结构及其工艺技术

医药制造业

编号：052701X

技术名称：中药材资源及生产技术

控制要点：1. 蛹虫草人工培植技术

2. 《野生药材资源保护管理条例》中规定的属于Ⅱ、Ⅲ级保护级别的物种及其繁育技术

3. 人工养麝（林麝、马麝）活体取香技术及繁育技术

4. 牛体培植牛黄的埋核技术

5. 人工牛黄、人工虎骨、人工麝香等品种配方技术

6.《野生药材资源保护管理条例》中规定的属于Ⅰ级保护级别的物种及其繁育技术

7.《中华人民共和国药典》中收录的大宗品种药材的植物种子（包括种子类生药）、种苗和动物种源及其繁育技术

编号：052702X
技术名称：生物技术药物生产技术
控制要点：1. 青霉素生产技术
（1）青霉素高产菌株
（2）发酵单位≥55 000μ/ml

2. 链霉素生产技术
（1）过滤、离心、分离、精制工艺
（2）发酵单位≥27 000μ/ml 或总收率≥75%的链霉素生产技术

3. 发酵单位≥25 000μ/ml 头孢菌素 C 高产菌株或总收率≥70%的头孢菌素 C 生产技术

4. 金霉素制备工艺
（1）金霉素生产菌种
（2）发酵单位≥20 000μ/ml
（3）收率≥90%

5. 用于活疫苗生产的减毒的菌种或毒种及其选育技术
（1）甲型肝炎减毒活疫苗生产毒种
（2）乙型脑炎减毒活疫苗生产毒种

6. 通过分离、筛选得到的具有工业化生产条件的菌种、毒种及其选育技术
（1）流行性出血热灭活疫苗生产毒种（含野鼠型及家鼠型）

7. 用基因工程方法获得的具有工业化生产条件的生物工程菌株、细胞株及其选育技术

（1）用于生产乙肝疫苗的乙肝－中国地鼠卵细胞重组细胞株

（2）用于生产乙肝疫苗的乙肝－痘苗病毒重组痘苗毒种

（3）用于生产干扰素的生物工程菌株

8. 蛇毒单一组份类凝血酶制备工艺

（1）电泳检测单一组份类凝血酶技术

（2）单一组份含量100%

编号：052703X

技术名称：化学合成及半合成药物生产技术

控制要点：1. 利福喷丁制备工艺

（1）侧链收率≥41%

（2）缩合收率≥78%

2. 利福定制备工艺

（1）由利福S钠盐经利福S等反应制备本品的工艺

（2）总收率≥70%

3. 酮洛芬（原名酮基布洛芬）制备工艺

（1）以苯乙酮为原料制备本品工艺

（2）对苯乙酮总收率≥34%

（3）酮洛芬（原名酮基布洛芬）单个杂质≤0.2%（HPLC法则）

4. 布洛芬制备工艺

（1）以异丁苯为原料制备本品工艺

（2）以异丁苯计总收率≥85%

5. 磷霉素制备工艺

（1）磷霉素钠

以丙炔醇为起始原料，经酯化、重排、水解等反应制备本品的工艺

（2）磷霉素钙

以磷霉素中间体左旋磷霉素右旋苯乙胺盐为原料，经碱游离、成盐等步骤制备本品的工艺

（3）磷霉素氨丁三醇

以磷霉素中间体左旋磷霉素右旋苯乙胺盐为原料，经双盐、树脂交换、中和成盐等步骤制备本品的工艺

6. 阿霉素制备工艺

（1）用柔红霉素为原料合成本品工艺

（2）半合成收率≥45%

7. 总收率≥44%的维生素B_6制备工艺

8. 从千层塔中分离制备石杉碱甲工艺

9. 直接引入6α氟，割除转拉工序制备醋酸肤轻松工艺

10. 氯氟舒松制备工艺

（1）以四羟孕甾－环缩丙酮为原料制备本品工艺

（2）总收率≥80%

编号：052704X

技术名称：天然药物生产技术

控制要点：1. 青蒿琥酯制备技术

2. 青蒿素及双氢青蒿素制备工艺

3. 蒿甲醚制备工艺

4. 提取收率≥0.007%的丁公藤碱2制备工艺

5. 三尖杉酯碱制备工艺

（1）全合成工艺

（2）从海南粗榧中提取本品及其生物碱工艺

6. 从扶根－天花粉中提取结晶天花粉蛋白工艺

7. 地奥心血康（中成药）原料及生产工艺

8. 苦参素制备及从苦豆籽中提取苦参碱工艺

编号：052705X

技术名称：中药的配方和生产技术

控制要点：石斛夜光丸内重金属低于限量标准的技术

编号：052706X
技术名称：带生物活性的功能性高分子材料制备和加工技术
控制要点：1. 活性功能性高分子材料的合成技术
2. 生物活性和药理作用研究技术

编号：052707X
技术名称：组织工程医疗器械产品的制备和加工技术
控制要点：1. 组织细胞分离和培养技术
2. 组织细胞培养基的配方技术
3. 材料支架的加工技术
4. 组织工程产品的培养加工技术
5. 组织工程产品的保存技术

橡胶制品业

编号：052901X
技术名称：橡胶制品生产技术
控制要点：1. 飞机轮胎制造技术
2. 橡胶负重轮胎制造技术

非金属矿物制品业

编号：053101X
技术名称：日用陶瓷及其制品生产技术
控制要点：1. 传统陶瓷配方及生产工艺
2. 传统陶瓷色釉料配方及生产工艺
3. 高石英质、滑石英质、高长石质日用细瓷的配方及生产工艺
4. 陶瓷用稀土色釉料配方及烧成工艺

5. 陶瓷彩绘及现代黑陶工艺

6. 钧瓷定点还原工艺及钧瓷胎、釉配方和烧成工艺

7. 使釉彩厚度≤0.4 mm的技术

8. 釉原料、配方和烧成工艺

9. 釉中彩水晶瓷生产技术

10. 釉下彩色釉料配方及生产工艺

11. 陶瓷结晶釉配方及其连续化生产工艺

编号：053102X

技术名称：耐火材料生产技术

控制要点：低烧蚀率耐火混凝土成分及形成均匀硅酸盐熔体覆盖层技术

编号：053103X

技术名称：无机非金属材料生产技术

控制要点：1. 非金属纤维无石棉增强抗磨材料制备技术

（1）非金属纤维无石棉增强材料的配方和加工工艺

（2）抗磨剂生产技术

2. 连续SiC（碳化硅）纤维生产技术

（1）聚碳硅烷分子量及分子量分布控制技术

（2）有机硅聚合物连续纺丝技术

（3）二步不熔化处理技术

（4）聚碳硅烷裂解合成工艺

3. 具有下列特征的碳纤维制品加工技术

（1）细编穿刺织物技术

（2）三向锥体织物技术

4. 氮化硼（BN）纤维防潮涂层制备技术

5. 氧化锆纤维隔热材料制备技术

6. 化学气相沉积法（CVD）法制备碳化硅（SiC）纤维技术

编号：053104X

技术名称：人工晶体生长与加工技术

控制要点：1. 二氧化碲（TeO_2）及钼酸铝［$Al_2(MoO_4)_3$］单晶生长工艺及基片的精加工技术

2. 超长（>250mm）铌酸锂晶片的制作方法

（1）长度>280mm，直径>40mm 铌酸锂晶的生长技术

（2）长度>250mm，铌酸锂单晶片精加工技术

3. 长度>180mm 的硅酸铋（BSO）、锗酸铋（BGO）单晶生长工艺及晶片加工技术

4. 75-3 水溶性光致抗蚀掩孔干膜制备工艺

5. 制造自泵浦相位共轭器（SPPCM）用钨青铜光析变单晶生长工艺

6. 铌酸钾（$KNbO_3$）晶体的原料处理技术和生长工艺

7. 磷酸氧钛钾（KTP）晶体生长控制技术

8. 具有下列性能的抗辐射人造水晶生长工艺

（1）品质因数（Q）值≥3×106

（2）包裹体级别不低于 IECI（国际电工技术委员会）的 A 级

（3）铝（Al）含量≤1ppm

（4）腐蚀隧道密度≤10 条/cm^2

9. 稀土-铁（Tb-Dy-Fe 系）超磁致伸缩单晶材料的制备技术

（1）提拉法无污染磁悬浮冷坩埚晶体生长工艺

（2）单晶成分及结构控制技术

10. 四硼酸锂、三硼酸锂（LBO）晶体的生长工艺

11. 掺钕硼酸铝钇（NYAB）晶体的生长工艺

12. 钛酸钡锶（SBT）晶体的生长工艺

13. 偏硼酸钡（BBO）晶体的生长工艺
14. 硼铍酸锶（SBBO）晶体的生长工艺

编号：053105X

技术名称：聚合物基复合材料生产技术

控制要点：1. 用于航天器壳体的纤维增强树脂基复合材料生产技术
2. 用于高压容器（压力≥25MPa）的纤维增强树脂基耐烧蚀、隔热、防热、复合材料生产技术
3. 容重 $1.5 \sim 1.7 \text{g/cm}^2$，烧蚀率≤0.22mm/s 的纤维增强树脂基耐烧蚀复合材料生产技术
4. 热熔法工艺中树脂基体配方

黑色金属冶炼及压延加工业

编号：053201X

技术名称：钢铁冶金技术

控制要点：1. 耐温≥850℃高温合金生产技术
2. 军用隐身材料的配方及生产技术
3. 耐温≥2 000℃的发散（汗）冷却材料的配方及生产技术

有色金属冶炼及压延加工业

编号：053301X

技术名称：有色金属冶金技术

控制要点：1. 无毒（不含氰化物）堆浸提金技术及配方
2. 氧化铝生产中以种分母液回收原液中镓的"溶解法"工艺
3. 强度≥520MPa 铍材制备的制粉和固结工艺
4. 同时具有下列特性的高温超导线、带制造技术
（1）临界温度>77K，长度>100m，临界电流密度 $>1 \times 10^4 \text{A/cm}^2$（在77K，自场强下）

5. 同时具有下列特性的高温超导薄膜制造技术

（1）临界温度 > 77K，面积 > 5cm^2，临界电流密度 > 1×10^6 A/cm^2（在77K，零场强下）

编号：053302X

技术名称：非晶、微晶金属冶金技术

控制要点：1. 非晶材料的卷取技术

2. 自蔓延高温合成与制备技术

（1）硬质耐冲击材料制备技术

（2）纳米级晶粒制备技术

3. 纳米级超细粉的制备技术

金属制品业

编号：053401X

技术名称：热处理技术

控制要点：1. 模具热处理技术

（1）稀土－硼共渗剂配方

（2）稀土－硼共渗处理工艺

2. 稀土、碳、氮共渗和稀土、碳共渗的配方及工艺

3. 装载机斗齿材料的配方及热处理工艺

编号：053402X

技术名称：金属基复合材料生产技术

控制要点：1. 金属－陶瓷纳米级材料制备技术

（1）WC－Co（碳化钨－钴）亚微米级粉末制备技术

（2）WC－Co（碳化钨－钴）亚微米晶粒复合材料制备技术

2. 纤维增强铝基复合材料的制备技术

3. 超混杂铝基复合板的制备技术

（1）竹材改性工艺

（2）改性竹材增强铝复合工艺

（3）维尼纶增强铝复合工艺

4. 化学气相渗制备复合材料技术

通用设备制造业

编号：053501X

技术名称：铸造技术

控制要点：1. 耐高温覆膜砂添加剂的配方

2. 下列大中型薄壁变曲面铸件电渣熔铸技术

（1）非稳定状态下各种温度场的确定

（2）构造电渣熔铸变曲面构件的软件包

编号：053502X

技术名称：通用设备制造技术

控制要点：1. 金属离心机转子成型技术

（1）波纹成型工艺

（2）转筒旋压工艺及表面处理工艺

（3）转子装配、调试工艺

2. 金属离心机上、下阻尼器制造技术

（1）上阻尼壳体成型工艺

（2）装配调整工艺

（3）上、下阻尼结构参数、性能参数检测原理、方法及所用实验测试装置

编号：053503X

技术名称：通用零部件制造技术

控制要点：1. 钛合金球形高压容器整体成形工艺

2. 三环式减速（或增速）传动装置制造技术

（1）设计参数的选择

（2）制造工艺技术

编号：053504X

技术名称：燃气轮机制造技术

控制要点：同时具有下列指标的燃气轮机高温叶片材料生产技术

1. 不含钽的镍基合金铸造与加工

2. 用于工作温度≥850℃的表面防高温腐蚀涂层，寿命≥10 000h

编号：053505X

技术名称：锅炉制造的燃烧技术

控制要点：1. 为锅炉设计提供煤质资料的煤特性试验研究软件技术

2. 亚临界循环（包括控制循环和自然循环）燃煤锅炉的可靠性评价

专用设备制造业

编号：053601X

技术名称：制冷与低温工程技术

控制要点：温度<6K的杜瓦瓶设计技术

编号：053602X

技术名称：消防技术

控制要点：1. 电气火灾鉴定技术

2. 可燃液体贮罐烟雾灭火技术

（1）结构设计及其工艺参数

（2）烟雾剂配方及其制备工艺

编号：053603X

技术名称：刑事技术

控制要点：1. 指纹自动识别的算法、处理技术

2. 人体死后时间测试技术

（1）制造管状流通组装式化学传感器生产工艺

（2）传感器专用的试剂配方

3. 激光痕检技术

（1）谐振腔自校准设计技术

（2）染料激光器设计技术

4. 酶标单克隆抗体的制备技术

编号：053604X

技术名称：医用诊断器械及设备制造技术

控制要点：1. 同时具有下列指标的医用核磁共振成像装置主磁体制造技术

（1）磁场均匀性：50cm 球空间（DSV），最大偏差 $\leq 18.3 \times 10^{-6}$，均方根值 $\leq 5.1 \times 10^{-6}$；30cm 球空间（DSV），最大偏差 $\leq 2.4 \times 10^{-6}$，均方根值 $\leq 0.7 \times 10^{-6}$

（2）中心磁场感应强度 ≥ 0.6T（特斯拉）（6000 高斯）

（3）磁场稳定性 $< 0.1 \times 10^{-6}$/h

2. 医用传像束制造技术

（1）直径 ≤ 0.012mm 光学纤维单丝拉制技术

（2）截面直径 ≤ 1.1mm，长度 ≥ 780mm 光学纤维传像束制造技术

3. B 型超声波诊断仪换能器结构、材料及制造工艺

4. 医学传感器制造技术

（1）呼吸氧分压传感器制造技术

（2）呼吸流量传感器制造技术

（3）呼吸率及呼吸波传感器制造技术

（4）呼吸压差传感器制造技术

（5）人体血压传感器制造技术

（6）脉率及脉波传感器制造技术

（7）心功能传感器制造技术

（8）酶免疫传感器制造技术

（9）生理传感器的设计制造工艺和测试技术

（10）数字电容式微位移（分辨率≥0.01μm）传感器的设计制造工艺和测试技术

交通运输设备制造业

编号：053701X

技术名称：船型设计与试验技术

控制要点：1. 水下机器人浮体材料和密封材料的配方与结构

2. 浅吃水及超浅吃水肥大型船技术

（1）浅吃水肥大型：型宽与吃水深度比（B/T）≥3.5；方型系数（C_b）≥0.82

（2）超浅吃水肥大型：型宽与吃水深度比（B/T）≥4.0；方型系数（C_b）≥0.82

3. 气垫船的围裙技术

4. 冲翼艇船型设计与试验技术

5. 气翼艇船型的技术

6. 喷水推进技术

7. 内河推轮、拖轮［1.1≤（螺旋桨直径/吃水）≤1.4］倒车舵、导管舵、襟翼舵推进操作系统技术

8. 内河船舶［1.1≤（螺旋桨直径/吃水）≤1.4］艉型流场技术

9. 船舶螺旋桨整流毂帽技术

（1）消除毂帽空泡技术

（2）毂形、小叶翼型剖面设计方法

10. 船舶油水分离技术

编号：053702X
技术名称：船用设备制造技术
控制要点：船舶靠岸声纳
1. 软件
2. 换能器制造工艺
3. 信号处理模块

编号：053703X
技术名称：船舶建造工艺
控制要点：1. 直径>3m的铜合金螺旋桨铸造反变形技术
（1）叶片压力面螺距和叶片倾角的变形
（2）叶片背面加工余量的减少的保证最佳几何形状
2. 柴油机双层隔振技术

编号：053704X
技术名称：船用材料制造技术
控制要点：系列高分子减振降噪材料的化学配方及制造工艺

编号：053705X
技术名称：航空器设计与制造技术
控制要点：复杂组合体亚音速（<340m/s）气动力计算源程序

编号：053706X
技术名称：航空器零部件制造及试验技术
控制要点：直升机旋翼动平衡试验台的调速和测试系统

编号：053707X

技术名称：航空材料生产技术

控制要点：1. 含稀土的铝锂合金的制备技术

（1）所含稀土元素的种类与含量及加入稀土元素的方法

2. 含钨（W）同时含铪（Hf）量 1.5%～2.5% 的定向凝固高温合金生产技术

（1）合金成分的选择与控制

（2）冶炼工艺和定向结晶工艺

（3）热处理工艺流程及规范

3. 多极各向异性铸造磁钢的生产技术

（1）制造工艺

（2）测磁技术

4. 单晶涡轮叶片连接用中间层合金的制备技术

（1）Ni–Co–Cr–W–Hf（镍–钴–铬–钨–铪）系合金的成分

（2）中间层合金的制备工艺

电气机械及器材制造业

编号：053901X

技术名称：电工材料生产技术

控制要点：1. 中压（10～35kV）等级真空断路器触头材料制造技术

2. 滞燃、耐弧不饱和聚脂玻璃纤维增强塑料的配方与制造技术

3. 330kV、500kV、100kN、160kN、210kN、300kN 抗拉强度合成绝缘子的配方

4. 真空接触器用铜–钨–碳化钨（Cu–W–WC）触头材料的生产技术

编号：053902X

技术名称：电线、电缆制造技术

控制要点：1. 同时满足下列条件的不燃烧电缆绝缘材料的配方及制备工艺

（1）使用温度＞250℃

（2）800℃明火≥1.5h 不燃烧

（3）耐电压≥2 500V

2. 核电站用对称射频电缆的制造工艺

3. 导电用稀土铝导线的配方和制造工艺

4. 高速挤出聚氯乙烯电缆料的配方

5. 核电站用电力、控制和仪表电缆的制造工艺

6. 高温（120℃）铝护套潜油泵电缆的制造技术

通信设备、计算机及其他电子设备制造业

编号：054001X

技术名称：电子器件制造技术

控制要点：1. 宽带小型化隔离器制造技术

（1）超倍频程宽带（相对带宽≥70%）小型化隔离器设计及制造工艺

（2）极窄铁磁共振线宽 $\Delta H<2$ 奥斯特的铁氧体材料配方及制备工艺

（3）超宽带（相对带宽≥70%）匹配技术及宽温（-55℃ ~ +125℃）补偿技术

2. 宽带（2~8GHz）悬置带线频分器设计技术及制造工艺

3. 压电陀螺敏感器件制造技术

（1）支撑系统的设计与制造工艺

（2）压电换能器的贴接工艺

（3）金属振梁的结构设计、工艺及热处理技术

（4）校零系统结构设计及组装技术

（5）校零信号处理技术

4. 声表面波器件设计技术

（1）声表面波滤波器（频率>2GHz，带外抑制>70dB，插入衰耗<1.5dB）

（2）声表面波抽头延迟线（码位>1023位，工作频率>600MHz）

（3）声表面波卷积器（码位>1023位，工作频率>600MHz）

（4）声表面波固定延迟线（频率>2GHz，延迟时间>300μs）

（5）声表面波色散延迟线（频率>500MHz，时带积>10000，旁瓣抑制>32dB）

（6）声表面波脉压线（旁瓣抑制>32dB，二阶杂波信号模拟计算技术，副瓣抑制加权补偿方法，相位误差补偿技术）

5. 声表面波器件制造技术

（1）组合技术

（2）匹配技术

（3）大面积（220mm×20mm）光刻技术

6. 驻波加速管耐回轰电子枪设计及制造技术

7. 多注速调管设计及聚焦技术

8. 离子束处理改善栅网电子发射技术

编号：054002X

技术名称：半导体器件制造技术

控制要点：1. 中心锥形槽状光敏门极的大功率光控双向晶闸管

（1）Cr-Ni-Ag（铬-镍-银）金属阻挡层烧结技术

（2）SiO_2（二氧化硅）和 Si_3N_4（氮化硅）绝缘膜门极形成工艺

2. 导电电阻<2Ω的二极管制造技术

3. 单晶发光屏用原材料配备技术和外延技术

编号：054003X

技术名称：传感器制造技术

控制要点：1. 电子对撞机谱仪用霍尔探头的设计制造与标定技术

2. 远场涡流测试探头的设计与制造技术

编号：054004X

技术名称：微波技术

控制要点：高功率（百兆瓦级）微波技术

1. 脉冲功率技术与强流电子束加速技术

2. 爆炸磁压缩技术

编号：054005X

技术名称：光纤制造及光纤通信技术

控制要点：1. 二氧化碳（CO_2）激光传输光纤制造技术

（1）10.6μm 处光损耗 <1dB/m 的玻璃光纤的成分及制备技术

（2）10.6μm 处光损耗 <0.5dB/m 的晶体光纤制备技术

（3）10.6μm 处光损耗 <1dB/m 的空芯光纤制备技术

2. 双坩埚的制造及 20 孔坩埚拉制光学玻璃纤维技术

3. 光纤拉丝被覆流水线技术的工艺参数

4. 可编程数字锁相频率合成技术；DDS＋PLL 跳频信号源

编号：054006X

技术名称：计算机硬件及外部设备制造技术

控制要点：1. 巨型计算机（运算次数≥1300 亿次）制造技术

（1）总体设计技术

（2）主机、操作系统技术

（3）主机、辅机、外部设备的制造和开发技术

2. 并行计算机多端口存储器高速通信机制的实现技术

3. 并行计算机全对称多处理机的总线和中断控制的设计技术

编号：054007X

技术名称：无线通信技术

控制要点：1. 天线阵技术

（1）超过一个倍频程的宽带（中心频率≥100%）天线阵

（2）宽带（在 C 波段 >800MHz）馈源精密加工工艺

2. 微波直接调制分频锁相固态源加工工艺技术

3. 带宽 >100MHz、动态范围 >90dB 的集成声光外差接收技术

4. C/No 低于 46dB. Hz 的 CDMA 突发信号快速捕获技术

编号：054008X

技术名称：机器人制造技术

控制要点：水下自治或半自治机器人制造技术及控制技术

编号：054009X

技术名称：计量基、标准制造及量值传递技术

控制要点：1. 准确度 $\leq 2 \times 10^{-4}$，年稳定性 $\leq 10^{-4}$ 的镯环形电感器的制造技术

（1）电感线圈的绕制、屏蔽技术

（2）镯环形电感线圈温度补偿技术

（3）防潮防震技术

2. 射频电压标准射频座结构设计及薄膜辐条状热变电阻制造技术

3. 标准时间的卫星传递技术

4. 氦－氖稳频（波长相对变化量 $\Delta\lambda/\lambda = 10^{-10} \sim 10^{-11}$）光器碘室、激光管、谐振腔镜制造工艺及参数

5. 电替代辐射计接收腔制造技术

（1）吸收率 ≥0.998 的电替代辐射计中金属腔的制造工艺

（2）金属腔的电加热器制造技术

编号：054010X

技术名称：空间材料生产技术

控制要点：1. 返回式卫星烧蚀材料的配方及生产工艺

2. 卫星姿态控制推力器催化剂的配方及生产工艺

编号：054011X

技术名称：空间仪器及设备制造技术

控制要点：通道数＞150 的遥感成像光谱仪制造技术

仪器仪表及文化、办公用机械制造业

编号：054101X

技术名称：热工量测量仪器、仪表制造技术

控制要点：同时具有下列指标的双涡街流量计制造技术

1. 用于管道直径 50～2000mm

2. 测量精度高于 0.5%

3. 流速≥0.2m/s

4. 管道介质为水与温度≤300℃蒸汽

编号：054102X

技术名称：机械量测量仪器、仪表制造技术

控制要点：高精度圆度仪

1. 大尺寸（Φ250～Φ1 000）圆度与圆柱度在线测量技术

2. 为提高主轴回转精度和测量精度（±0.005μm）的误差分离与误差补偿技术

编号：054103X

技术名称：无损探伤技术

控制要点：探伤用驻波电子直线加速器用加速管的制造技术

编号：054104X

技术名称：材料试验机与仪器制造技术

控制要点：1. 贴片光弹性在线、动态、同步检测技术

2. 液氢高速（>4万转/分）轴承试验机设计技术

（1）主轴低温（低于-240℃）变形控制技术

（2）热传导及热隔离技术

（3）加载系统

编号：054105X

技术名称：计时仪器制造技术

控制要点：1. CCD（光电耦合器件）终点摄像计时及判读专用设备中成像传感技术及控制方式

2. 游泳（蹼泳）成套计时记分专用设备中的触摸板传感方式及制作工艺

编号：054106X

技术名称：精密仪器制造技术

控制要点：1. 高精度（在5.1mm处分辨率>20μm）反射式声显微镜

（1）声镜制造技术

（2）声镜成像和V（Z）曲线原理和阴影成像法

2. 柴油机振型现代激光光测研究

（1）非球面透镜设计和制造技术

（2）二路光路系统设计结构技术

3. 四坐标探针位移机构技术

（1）四坐标位移机构的设计及制造工艺

（2）高频率响应（≥20kHz）压力探针的设计制造工艺

编号：054107X

技术名称：地图制图技术

控制要点：我国地理信息系统的关键算法和系统中具有比例尺 >1:1 000 000 的地形及地理坐标数据

编号：054108X

技术名称：地震观测仪器生产技术

控制要点：1. 观测频带到直流，灵敏度 ≥1000V·s/m 的地震计生产技术

2. 井孔径 <130mm，周期 >1s，灵敏度 ≥500V·s/m 的井下三分向地震计生产技术

编号：054109X

技术名称：玻璃与非晶无机非金属材料生产技术

控制要点：1. 镀膜机多头小离子源制造技术

（1）离子束辅助蒸发工艺

（2）离子束斑合成技术

2. 制作坩埚用 F1 强化铂的成分及其制作技术

工艺品及其他制造业

编号：054201X

技术名称：工艺品制造技术

控制要点：1. 金属工艺品生产技术及工艺

（1）斑铜表面处理工艺

2. 漆器工艺品制造技术及工艺

（1）点螺漆器的原料加工及制作工艺

3. 刺绣品的制作技术及工艺

（1）双面三异绣、三异缂丝工艺及摘小针处理方法

（2）明代四团龙织金纱龙袍、花缎龙袍、孔雀羽织金妆花的技术诀窍

4. 其他工艺品的制作技术及工艺

（1）鼻烟壶等工艺品的内画技艺

编号：054202X

技术名称：文物保护及修复技术

控制要点：1. 古代饱水漆木器脱水定型技术的催化剂应用及配方

2. 古代字画揭裱技术

编号：054203X

技术名称：文物复制技术

控制要点：1. 古代丝织品复制技术

2. 古代字画照相复制技术的乳剂配方工艺

3. 古铜镜表面处理工艺

编号：054204X

技术名称：大型青铜器复制技术

控制要点：1. 成套古代编钟复制技术

2. 秦始皇帝陵出土铜车马复制技术等

建筑装饰业

编号：054901X

技术名称：中国传统建筑技术

控制要点：油饰彩画颜料与绘制工艺

其他建筑业

编号：055001X

技术名称：建筑环境控制技术

控制要点：精度为±0.01℃的恒温控制技术

水上运输业

编号：055401X

技术名称：港口设备制造技术

控制要点：1. 具有无动力、自动平衡、不间断作业功能设备的制造技术

2. 木材、废钢专用滑块式单索多瓣抓斗、异步启闭废钢块料抓斗设计技术

3. 悬链斗矿石卸船机技术资料

4. 集装箱装卸关键技术

编号：055402X

技术名称：液体货物运输技术

控制要点：1. 溢油化学处理制剂的配方及单体合成工艺

2. 水面浮油监视报警设备制造技术

电信和其他信息传输服务业

编号：056001X

技术名称：通信传输技术

控制要点：1. 电视、电话保密技术

（1）密码设计技术

2. 我国自行研制并用于军事领域的信息传输、加、解密技术

3. 水下低频电磁通信技术

（1）应用低频电磁场进行水下通信的技术

（2）低噪声放大技术

（3）高灵敏度和抗干扰技术

4. 通信保密技术

专为我国研制、设计、生产的各类通信保密机和通信加密技术

编号：056002X

技术名称：计算机网络技术

控制要点：巨型计算机（运算次数 ≥ 1300亿次）网络系统、并行处理技术

编号：056003X

技术名称：空间数据传输技术

控制要点：1. L 频段便携式、效率为 65%、可折叠式、伞状抛物面天线的设计与生产工艺

2. Ku 频段平面天线用的损耗小于 10^{-4} 的介质材料生产技术

3. 机星地实时传输数据的编码及压缩技术

编号：056004X

技术名称：卫星应用技术

控制要点：1. 涉及下列内容之一的双星导航定位系统

（1）入站信号实时捕获单元的信号格式、器件结构和制造工艺

（2）出站信号快速捕获单元的信号捕获方法、电路结构和专用芯片

（3）系统的信息传输体制、调制方式、帧结构

2. 图像快速处理方法及软件

计算机服务业

编号：056101X

技术名称：信息处理技术

控制要点：1. 智能汉字语音开发工具技术

2. 字符式汉字显示控制器的设计、制造工艺

3. 计算机中文系统的核心关键技术

4. 工程图纸计算机辅助设计（CAD）及档案管理系统光栅/矢量混合信息处理方法

5. 中文平台技术（中文处理核心技术）

6. 信息存取加、解密技术

7. 中外文翻译技术

8. 少数民族语言处理技术

9. 汉字、语音识别技术

10. 汉语或少数民族语音合成技术

11. 汉字压缩、还原技术

12. 印刷体汉字识别技术、程序结构、主要算法和源程序

13. Videotex（可视图文）系统的汉字处理技术及网间控制技术

14. 具有交互和自学习功能的脱机手写汉字识别系统及方法

15. 用于计算机汉字输入识别方法中的手写体样张、印刷体样张以及汉语语料库

16. 汉字识别的特征抽取方法和实现文本切分技术的源程序

编号：056102X

技术名称：计算机应用技术

控制要点：1. 并行图归约智能工作站

2. CIMS（计算机集成制造）实验工程

软 件 业

编号：056201X

技术名称：计算机通用软件编制技术

控制要点：1. 巨型计算机（运算次数≥1 300亿次）软件技术

2. 并行计算机的微内核和多线程的实现技术，程序并行性识别技术及并行优化编译源程序

编号：056202X

技术名称：信息安全防火墙软件技术

控制要点：信息安全防火墙软件技术

专业技术服务业

编号：057601X

技术名称：海洋环境仿真技术

控制要点：1. 海洋环境仿真、背景干扰仿真

2. 内插滤波技术和模拟通道时延误差的修正技术

3. 建模

编号：057602X

技术名称：大地测量技术

控制要点：我国大地控制网整体平差方法及软件技术

编号：057603X

技术名称：精密工程测量技术

控制要点：我国重点工程精密测量的技术和方法

编号：057604X

技术名称：真空技术

控制要点：真空度 $<10^{-6}$ mPa 的超高真空获取技术

编号：057605X

技术名称：声学工程技术

控制要点：1. 有源噪声控制的系统设计技术和算法软件

2. 声功率 $>10\,000$ W 的气动声源设计技术和制造工艺

编号：057606X

技术名称：计量测试技术

控制要点：1. 六氟化硫微量含水量测量技术

（1）检测限十万分之三（体积分数）的传感器制造技术

2. 氯化钠温度定点技术

（1）相平衡态时氯化钠密度值

（2）密封腔改善热传导技术和防腐蚀技术

（3）定点黑体防泄漏技术

编号：057607X

技术名称：目标特征提取及识别技术

控制要点：1. 目标特征光谱

2. 目标特性及相关数据库

3. 目标图像特征提取

地质勘查业

编号：057801X

技术名称：地球物理勘查技术

控制要点：地磁场测定灵敏度≤0.01nT（包括单光系、多光系）氦光泵磁力仪探头制造技术

卫　生

编号：058501X

技术名称：中医医疗技术

控制要点：1. 国家名老中医及获省部级以上科技进步一、二等奖的疾病诊疗系统的医理设计及有效方药

2. 股骨颈重建术治疗股骨颈骨折颈吸收伴头缺血性坏死的技术

后　　记

　　企业是知识产权创造与运用的主体，这不仅体现于企业申请或注册了大部分的知识产权，还体现在企业是知识产权运用的生力军，没有企业对知识产权的商品化运用，知识产权也就变得没有任何实用价值。企业内的知识产权从业人员是企业知识产权创造与运用的具体管理者，其主要职责就是在法律规定的框架之下，申请或注册符合企业需求的知识产权，并以法律所允许的方式运用所获得的知识产权。

　　笔者自攻读知识产权方向的硕士学历至今，在知识产权实务领域已摸爬滚打十年有余，先后就职于国家知识产权局系统、国家新闻出版总署（借调）以及著名跨国外企（及其海外总部）。这些实务工作经验不仅使笔者深刻体会到企业对知识产权创造与运用的迫切需求，也使笔者切身意识到很多企业内的知识产权从业人员还困惑于如何更好、有效地创造并运用企业知识产权。而企业的实务界又鲜有前辈以书本或者文章的形式将其企业知识产权实务经验进行分享，见诸于市面的更多的是教材或者学术论文等理论著作，其对企业的知识产权实务操作指导意义有限，有的甚至会出现理论与实践相脱节的情况。正是基于对这一现状的认识，笔者萌生了将自己多年的从业经验以书本的形式共享出来的念头，希望在共享这些见解和认识的同时，又能够与企业同行就如何进行企业知识产权实务操作进行共同探讨。

　　本书共设有四篇，分别为专利申请篇、专利诉讼篇、专利无效宣告请求篇以及其他篇，每一篇又下设有若干章节。在内容上，本书以介绍专利相关实务为主，但同时也涉及商标、知识产权合同等其他实务内容。本书虽没有囊括企业知识产权的各个方面，但所介绍的内容却是大部分企业都会经常遇到的实务问题。

本书在编著过程中得到了许多朋友的大力支持。在此，需要特别感谢的是知识产权出版社刘睿主任，她对本书的结构、内容等都提出了许多有益建议，没有她的无私帮助，也就没有本书的问世。

　　最后，希望本书能够起到抛砖引玉的作用，同时，也欢迎企业同行能够多提宝贵意见。

于海东
2013 年 06 月